広がる！
進化心理学

小田　亮 ——［編］
大坪庸介

朝倉書店

執筆者一覧

小田 亮*	名古屋工業大学大学院工学研究科	（1）
大坪庸介*	東京大学大学院人文社会系研究科	
鮫島和行	玉川大学脳科学研究所	（2）
大平英樹	名古屋大学大学院情報学研究科	（3）
竹澤正哲	北海道大学大学院文学研究院	（4）
坂口菊恵	独立行政法人大学改革支援・学位授与機構	（5）
齋藤慈子	上智大学総合人間科学部	（6）
中西大輔	広島修道大学健康科学部	（7）
玉井颯一	University of Tübingen	（コラム 1）
村山航	University of Tübingen	（コラム 1）
三船恒裕	高知工科大学経済・マネジメント学群	（8）
小林春美	東京電機大学理工学部	（9）
豊川航	University of Konstanz	（10）
内藤淳	法政大学文学部	（11）
石井辰典	日本女子大学人間社会学部	（12）
平石界	慶應義塾大学文学部	（コラム 2）
安藤寿康	慶應義塾大学文学部	（13）
喜入暁	大阪経済法科大学法学部	（14）

＊は編集者，（ ）は執筆箇所．所属は 2023 年 4 月現在．

まえがき

　皆さんが心理学を学ぼうと書店の心理学コーナーに行くと，心理学のなかにも多くの分野があることに気づくだろう．たとえば，心理学の棚は，認知心理学，発達心理学，社会心理学，臨床心理学といった分野に分けられていることが多い．そして，各分野のスペースには，それぞれ概説書や一般向けの書籍が並んでいる．残念ながら，進化心理学というスペースを設けた書店はこれまでみたことがない．その理由のひとつは，進化心理学が1990年代以降に盛んになった比較的新しい分野ということもあるだろう．しかし，それ以上に本質的な理由があるように思われる．それは，他の心理学の分野であれば，○○心理学の○○にあたる部分が研究対象・内容を表しているのに対して，進化心理学ではそれが心理現象を理解する視座を表しているということである．

　この点をもう少し具体的に述べる．たとえば，認知心理学の一般的な教科書の章立てをみると，注意，記憶，推論，意思決定といった認知情報処理に関する内容が並んでいる．そして，それぞれの章ではヒトの注意や記憶がどのように働くのか，推論や意思決定にはどのような特徴があるのかといったことが解説されている．その解説を読んで，私たちの推論には系統だった間違いをする傾向（バイアス）があると知るかもしれない．すると，なぜ私たちにはそんな間違いをする傾向があるのだろうかと疑問に思うのではないだろうか．また，社会心理学の教科書で，私たちには自尊感情を高く保ちたいという動機づけがあるということを知ると，なぜ私たちにはそのような動機づけが備わっているのだろうかという疑問が湧く．しかし，進化心理学が受容される以前の心理学の教科書のなかに，これらの「なぜ」に対する答えを見つけ出すことは難しかった．

　というのは，上記の「なぜ」に答えるときにこそ，進化心理学の視座が必要とされるからである．たとえば，ある動物が一風変わった行動をすることを知って，「なぜそうするのか？」という疑問をもったとする．この問いに対する答えは，その行動が環境への適応のためにどのように役に立つのかというものにならざるをえない．環境への適応とはすなわち，生存・繁殖を促進するということであり，その結果，その行動（をとらせる遺伝子）がその動物の集団に広まってい

ることの説明となる．

　特定の心の働きや行動傾向が環境への適応の結果として備わっているという考え方こそ進化心理学の視座である．第1章で述べられるように，これは心の働きや行動傾向を適応上の機能によって理解しようとするある種の機能主義心理学である．そして，「進化」心理学は現象を理解する理論的枠組み（進化論）によって定義されているので，研究対象・内容を選ばない．したがって，従来の分野（研究対象・内容）に沿って心理学の書籍を分類するなら，進化心理学の本はうまく分類できなくなってしまう．それだけでなく，進化心理学の教科書は心理学全般をカバーするものになっていてもおかしくない．ところが，従来の進化心理学（および人間行動進化学）の教科書をみると必ずしもそうはなっていない．進化論になじみのない読者に進化論やヒトの進化について説明をする必要があるという事情で，通常の心理学入門の教科書にはない章（進化論を扱う章）が入ることになる．これはまだ仕方ないとしても，それ以外の章も従来の心理学入門の教科書とは一致しない．進化論の観点から重要な，配偶や社会的交換といったテーマが章立てにも反映されるからである．

　しかし，従来の心理学に新しい説明の視座を与えるという進化心理学の役割を考慮すると，心理学諸分野に進化心理学が与えた影響を評価する作業も必要だろう．そして，その目的のためには，従来の心理学入門の章立てに沿ってそれが俯瞰できる方が望ましい．そこで，本書では心理学の各分野の専門家に，それぞれの分野に進化心理学もしくは進化論が与えた影響を踏まえて，各分野の現状を解説してもらった．そのため，第1章こそ進化心理学とは何か（何ではないのか）の説明にあてるが，それ以降は神経・生理，感情，認知，性，発達，パーソナリティ，社会，言語，文化，道徳，宗教，教育，犯罪と心理学入門の教科書の一般的な章立てに近いものになっている．これによって，進化論が心理学をどのように変えてきたのか，そしてこれからさらにどのような変化をもたらすのかが展望しやすくなっている．読者にとって，本書が心理学全般における進化論の影響・役割を概観する一助になることを祈る．

　最後に，本書の企画・編集を通じてお世話になった朝倉書店編集部に心よりお礼を申し上げたい．

　2023年5月

大坪庸介・小田　亮

目　　次

Chapter 5　進化心理学と性 ──────── 坂口菊恵　51

Chapter 6　進化心理学と発達 ──────── 齋藤慈子　63

Chapter 7　進化心理学とパーソナリティ ─────── 中西大輔　73

Column 1　心 理 統 計 ──────── 玉井颯一・村山　航　85

小田　亮

Chapter 1
進化心理学とは何（ではないの）か？

　近年，研究者のみならず一般の人にも「進化心理学」という言葉はそれなりに知られ，広まっているようにみえる．しかしながら，それが何であるのかということについての正確な理解がなされているかというと，いささか怪しいのではないだろうか．たとえば「進化心理学にはいろいろ不確かなことがある」などという人もいるが，進化心理学は単なる機能主義心理学の一種であり，それ以上でもそれ以下でもない．進化心理学が心理学における他の分野にどのような影響を及ぼしたのか，ということを各分野の専門家に考察してもらう前に，そもそも進化心理学とは何か，ということについて整理し，共通の理解を得ておく必要があるだろう．ここでは特に，よくある誤解を列挙することによって解説していくことにする．

◉ 1.1　進化心理学は心の進化についての学問ではない

　進化心理学は，心の進化についての学問ではない．心というものがどのように進化したのかというのはもちろん大きな問題だが，それはむしろ比較行動学や動物心理学，自然人類学，考古学といった分野のテーマである．では進化心理学は何なのかというと，ある種の**機能主義心理学**だといえる．心理学一般の大きな目的のひとつは，心のしくみと働きを解明することだろう．それは進化心理学も同じである．ただ，進化心理学においては，そこで心の機能が重視される．なぜなら，しくみや働きには機能が反映されているからだ．心理学には機能主義という考えがあり，そこでは心的活動は環境への適応であると捉えられている．ただ，この場合の「適応」とは，ほとんどの場合「現在の周囲の環境に合わせてうまくやっていく」という意味での適応だといえる．

　進化心理学と伝統的な機能主義心理学との違いは，心が機能する時間軸の設定にある．進化心理学では，「現在の周囲の環境に合わせてうまくやっていく」こ

とはあくまで手段あるいはメカニズムのひとつであり，究極の目的は何かというと，遺伝子の複製だと考える．なぜ遺伝子の複製なのかというと，遺伝子をうまく複製できないような心の働きや行動は**自然淘汰**（natural selection）によって消えていったからだ．その結果，心は遺伝子の複製をより容易にするような機能を備えることになった．そのメカニズムとプロセスはなかなか目に見えるものではないし，また長い時間がかかるので，直感的に理解することが難しい．しかし，上述のように構造は機能を反映する．そこで使えるのが**リバース・エンジニアリング**（reverse engineering）という考え方だ．

　人間がつくった道具というものは，普通なんらかの機能をもち，特定の目的を果たすように設計されているが，これをエンジニアリングという．「リバース」は「逆転」という意味なので，リバース・エンジニアリングというのはこの逆のことを意味する．つまり，人工物というのはエンジニアリングによってなんらかの機能を果たすために各部分がつくられ，働いている．ということは，その人工物がもつ機能を考えれば，その人工物のかたちや構造についての理解が進むのではないかと考えられるのである．心についても，それがなんらかの機能を果たしていると考えれば，その機能を果たすためにはどういう構造であるべきなのかという予測ができ，それを検証することが可能になる．進化心理学では，基本的にこのような視点からヒトの心について探っていこうとしている．そこで重要になってくるのが，その機能は何なのかということだ．上述のように，究極的には遺伝子の複製が目的であり，そのために機能する．ということは，心が機能してきた環境がどのようなものであり，そこにおける適応課題が何だったのか，ということを考えなければならない．そこで必要になってくるのが，人類進化についての知見である．

　現在最古の人類とされている種は，アフリカのチャドで発見されたサヘラントロプス・チャデンシス（*Sahelanthropus tchadensis*）である．700〜600万年前に生息していたとされ，直立二足歩行していたと考えられている．ここから人類は様々な種に枝分かれしていき，180〜120万年前からはアフリカの外に拡散していく．初期にはおそらくサバンナで屍肉あさりをしていた人類も，180万年前に存在していたホモ・エレクトゥス（*Homo erectus*）の頃には大型動物を狩猟するようになっていた．同時代に複数の種が共存していた人類のなかで，たまたま現代人の直接の祖先となったのは，約20万年前にアフリカに出現したホモ・サピエンス（*Homo sapiens*）の集団である．ホモ・サピエンスの集団の一部は7〜5

万年前にアフリカから出て世界中に広がった．そして，約1万年前にさらに大きな変化を迎える．それが，狩猟採集から農耕牧畜への転換である[1]．

農業はヒトにとってあまりに急速な変化をもたらした．生物の進化は，何世代もかけてゆっくりと起こる．ある身体の器官や行動が環境に適応したものになるには，かなりの世代を経過しなければならない．ヒトのように世代交代が遅い種ならなおさらだ．農業がはじまってから，ヒトをとりまく環境はかなり変わったが，1万年という時間はわたしたちの特徴になんらかの大きな進化が起こるには短すぎる．つまり，わたしたちの身体的な特徴は農耕牧畜以降の環境に追いついていないといえるのだ．では，わたしたちの身体が何に対して適応してきたのかというと，農業以前の生活，つまり狩猟採集である．たとえ洗練された服を着て最新の車に乗っていたとしても，その身体の構造と機能は基本的なところで狩猟採集をして暮らしていた数万年前の人たちと変わっていない．心についてリバース・エンジニアリングをするためには，それが機能していた環境は必ずしも現代のものではない，ということに気をつける必要がある．

◉ 1.2 進化には目的はない

リバース・エンジニアリングのためには，まず進化と自然淘汰についての理解が必要である．そもそも，進化心理学を批判する人（そして肯定はしても誤解している人）の多くは進化と自然淘汰について正しく理解できていない．生物の進化については，根深い誤解が二つある．ひとつは，進化は進歩であるという考えだ．もうひとつが，進化と自然淘汰を同一視していることである．世間では，進歩を表現するために「進化」という言葉が使われることがよくある．しかし，生物の進化は必ずしも進歩ではない．「必ずしも」と書いたのは，もちろん結果的に進歩である場合もありうるからだ．では進歩とは何かというと，下等なものが高等になったり，単純なものが複雑になったりすること，つまり，方向性のある変化といえるだろう．しかし，進化には基本的には方向性がない．なぜなら，遺伝子に起こるランダムな変化の蓄積だからである．遺伝情報は不変というわけではなく，様々な要因で突然変異が起こり，塩基配列が変化する．これは誰かが意図的に引き起こしているものではなく偶然による．しかし，現在の生物を見渡してみると，私たちを含めて皆それなりに複雑で，機能的な構造をしている．とても偶然の積み重ねでこのようなものができたとは思えない．よって創造説では，

生物はすべて最初から現在のかたちに神が創造したと考えられている．たしかに直感的にそう考えるのは無理もないことだろう．しかし，創造主がいなくても，ごくシンプルな原理さえあれば進化に方向性が生まれ，結果として複雑で機能的な生物ができてくるということを最初に提唱したのが，19 世紀英国の博物学者チャールズ・ダーウィン（Darwin, C.）である．

ダーウィンは自然淘汰理論を提唱し，それを『種の起源』という著書にまとめた[2]．自然淘汰理論とは，遺伝子に起こる偶然の変化によって個体のあいだにばらつきが起こるが，そのなかで他の個体よりも次世代により多くの遺伝子を残せるような特徴が残っていくはずなので，最終的に，生物の特徴はある環境においてうまく生き延び子を残せるようなものになっていくだろう，という理論である．ただ，ダーウィンの時代にはまだ遺伝子という概念はなかったので，しくみは不明だが，なんらかのかたちで親の形質が子に伝わると考えられていた．この自然淘汰が起こると，生物の特徴はあたかも誰かが設計したような，機能的で複雑なものになりうる．これを**適応**（adaptation）といい，他の特徴をもっている個体に比べてどれくらい多く遺伝子を残したかという指標が**適応度**（fitness）である．その後，遺伝子や DNA の実態が明らかになり，また集団遺伝学の発展などによって洗練されていったが，自然淘汰理論は現在でも生物学の基本であり続けている．

進化は基本的には偶然の変化の積み重ねなので，結果論的な解釈をしなければならない部分はある．歴史について，もしクレオパトラの鼻がもう少し低かったら，と考えるようなものだ．しかし，その主要なメカニズムである自然淘汰は現在でも実際に観察されるものだし，方向性を予測することもできる．自然淘汰を直接記録することができた研究のなかでおそらく最も優れたものは，ガラパゴス諸島のある島に棲むダーウィンフィンチ（*Geospiza fortis*）を対象とした研究だろう[3]．大ダフネ島というその島では，島に棲息するおよそ 1,500 羽のほとんどすべてについて捕獲と計測，識別用の足環の装着が毎年行われている．ある年，ひどい干ばつが大ダフネ島を襲った．その結果，フィンチの食物である種子の数が極端に減ったため，小さくて食べやすい種子はすぐなくなってしまい，大きくて堅い種子だけが残った．2 年間続いた干ばつの間に，フィンチの数はわずか180 羽にまで減少した．この干ばつを生き延びたフィンチを捕獲し，嘴高（くちばしの上から下までの寸法）を計測すると，干ばつ前に計測した数値よりも全体的に大きくなっていた．これは，太いくちばしをもったフィンチは細いくちばし

をもったものよりも，より大きくて堅い種子を割って食べることができたからだと考えられる．つまり，くちばしの大きさにばらつきがあり，より大きなくちばしをもった個体のほうがその遺伝子を次世代に残しやすかったからだ．実際，大きなくちばしをもつ親は，平均して大きなくちばしをもつ子をつくる，つまりくちばしの大きさは遺伝するということも計測データからわかっている．自然淘汰が実際に観察された例は他にもある．自然淘汰は机上の空論などではなく，今現在も起っていることなのだ．

　私たちヒトは，多くの場合何かの目的を果たすために道具などのモノを造る．また，「やりたいことが見つからない」といって悩んだりする人がいるように，目的というものが大好きである．そのせいだろうか，生物の進化についても，やたらと目的を持ち出したがるようだ．たとえば変異がなにか良いことのために起こると考えたり，自然淘汰による適応も，ある目的に向かって起こると考えたりする人がいる．しかし，それらは間違いだ．変異は偶然起こるものであり，当然，どのような変異が現れてくるのかはわからない．また，適応もそのようにしてできた変異のなかから，たまたまある環境においてより多くの遺伝子を残せる特徴が残っていくだけのことであり，環境が変わってしまうと，それはもう適応していないかもしれない．自然淘汰理論が一見このような目的論に沿ったもののように思えることもあるのだろうか，進化イコール自然淘汰であるという誤解もよくみられる．その例が，「ダーウィンの進化論」という言葉である．ダーウィンの功績は自然淘汰理論，つまり進化に方向性を与えるメカニズムを提唱したことであり，進化論を提唱したことではない．「種は不変ではなく変化する」という考えはダーウィン以前からあり，たとえばチャールズの祖父であるエラズマス・ダーウィンもそのような主張をしていた．自然淘汰は単純でありながらも強力なメカニズムではあるが，すべての進化が自然淘汰で起こるわけではない．むしろ，生物の多くの特徴は偶然の積み重ねによってできているのである．ただ，私たちが関心をもつ対象はほとんどの場合複雑で機能的な特徴なので，それについて考えるには自然淘汰理論が有効だということだ．

● 1.3　適応論は「なぜなぜ物語」ではない

　生物の複雑で機能的な特徴は自然淘汰による適応の結果である，という適応論への誤解に基づく批判として，適応論は**なぜなぜ物語**（just-so stories）にすぎ

ない，というものがある．これは英国の小説家ラドヤード・キップリング（Kipling, R.）が子供向けに書いた物語からきている[4]．この物語には，「クジラにのどができたわけ」とか「ラクダにコブができたわけ」といったことについての珍妙な説が並んでいるのだが，それと同様に，生物の特徴をなんでもかんでも適応の結果として解釈し，それらしい説を創り上げてしまっているのではないか，ということだ．たしかに，適応論にはひとつ間違えるとこのようなもっともらしい物語を創ってしまいかねないところはあるだろう．単なる「なぜなぜ物語」にしないためには，まずある特徴について適応上の問題が実際に存在したのかどうかについて明らかにする必要がある．さらに，その特徴の変異が適応度のばらつきと対応しているかどうかについての検討も必要だろう．また，理論的な背景も重要である．なぜある特徴が適応であるといえるのかということについて，論理的に証明できなければならない．これらが真摯に検討されていないものは，生物学を装ったただの与太話に過ぎない．

　これに関連した誤解として，自然淘汰は反証できない，というものがある．自然淘汰理論は，「生き残った者が適者だ」という結果論に過ぎないということのようだ．この背景には，反証主義という考え方がある．反証主義とは，ある理論や仮説が科学的であるかどうかは，それに反証可能性があるかどうかによるという考え方だ．また，厳しい反証テストを耐え抜いた仮説ほど信頼性が高いとみなされる．反証可能性とは，その仮説がなんらかの客観的なデータによって反証されうることを意味している．注意しなければならないのは，実際に反証されたかどうか，ということではなく，あくまでその仮説が反証可能なかたちになっているかどうかという点だ．たとえば，「すべてのカラスは黒い」という仮説があったとする．これは反証可能な仮説だ．なぜなら，一羽でも白いカラスが見つかればこの仮説は反証されてしまうからである．しかし，「カラスは神が創造した」というのは科学的な仮説ではない．なぜなら，客観的なデータによって反証できないからである．では，自然淘汰理論には反証可能性があるのだろうか．別の言い方をすると，どのような事実が見つかれば，自然淘汰理論は反証されるのだろうか．よくある間違いが，環境が変動しているにもかかわらず進化しない種が発見されればいい，というものだ．残念ながらこれは反証ではない．環境の変動が次世代に残る遺伝子に影響を与えれば自然淘汰は起こるが，影響しない場合には当然起こらないだろう．

　正しい答のひとつは，適応度を下げてしまうようなことをする種が見つかれば

いい，というものだ．自然淘汰が起これば必ず適応が生じる．わざわざ適応度を
下げてしまうような行動は見られないはずだ．もし，積極的に適応度を下げよう
とするような種が見つかれば，自然淘汰理論は間違いだった，ということになる
だろう．いまのところそのような種は見つかっていないので，自然淘汰理論は正
しい説であるとされている．もちろん病的な行動は別である．特にヒトの場合
は，自殺や少子化といった，一見適応的ではないような現象がみられる．しかし
これらはヒトに一般的なものではない．また，後述するようにヒトをとりまく環
境は急激に変化してきた．本来は適応的であった特徴が，特殊な状況において異
なる働きをしているという解釈も可能なのである．さらに，これも後述するが，
ある程度自由な裁量に任せるという方法が有効だった可能性もあるため，時には
適応度を下げてしまうような行動もみられることがある．

　他にも適応論への誤解としてありがちなのが，適応とは「良いもの」であり，
その結果として幸福や快楽といったものが生じるはずだ，という考えである．こ
れは，自然淘汰の単位が遺伝子であることを理解できていないことによる．次世
代に伝わっていくのは遺伝情報なので，遺伝子の複製のためにプラスになること
は適応の結果として生じるが，それは必ずしも個体や集団にとってプラスになる
とは限らず，場合によってはマイナスにもなる．その一例が，ヒトの男性に限ら
ず，一般的にオスのほうがメスよりも寿命が短いという事実だ．なぜかという
と，オスの方がメスよりも配偶をめぐる競争が激しく，そのためには資源を寿命
よりも配偶者獲得のための競争に振り分けなければならないからである．実際，
様々な脊椎動物種について調べた結果，一夫多妻の傾向が強くなる，つまりオス
間競争が激しくなるほど，メスに比べてオスの寿命が短くなっているという研究
がある[5]．オスは遺伝子を残すために，自らの寿命を犠牲にしているのだ．幸福
や快楽といったものはある種の報酬であり，ある行動をするのは，それが楽しい
からだ，あるいは快感だからだ，というのは確かにその通りだろう．しかし，そ
れは自然淘汰の「目的」ではなく，あくまで「手段」でしかないのだ．私たちは，
適応度を上げるようなことをしたときに楽しくなったり，気持ちよくなったりす
る．そして，またそれをしたいと思うようになるのである．

● 1.4　進化心理学は遺伝決定論ではない

　進化心理学は，ヒトの心の働きや行動は遺伝子によって決定されていると主張

している，というのもまたよくある誤解である．その背景となっているのが，ヒトの行動を決定しているのは遺伝か環境か，という二元論だろう．しかし，実際には遺伝的要因と環境要因は複雑に絡みあっており，どちらかによって行動が決定されている，というものではない．そもそも，上述のように，進化心理学が対象としているのは心のしくみと働きである．そこで前提となっているのは，外部の環境からの入力に対する反応として行動が出力される，ということだ．よって，社会的・文化的環境が異なれば，行動も異なることになる．ただ，そのしくみは当然ながら遺伝情報によって造られているし，自然淘汰の影響も受けているだろう．つまり，ヒトの心の働きや行動に進化的基盤があるのなら，社会や文化の違いを超えて普遍的なものになるはずだ，というのも誤解だということだ．

　また別の誤解として，ヒトの行動のほとんどは後天的な学習によって形成されるので，遺伝は関係ない，というのもある．たしかに学習は変動する環境に柔軟に対応していくために重要な能力だが，しかし，ヒトに限らず動物一般に，学習しやすいものとそうでないものがいわば生得的にあるのだ．たとえば恐怖心である．恐怖心は生存にとって脅威となるものを避けるために進化したと考えられるが，その際たるものがヘビやクモだ．条件づけは学習の基本原理だが，写真などの刺激と電気ショックを対呈示することにより，刺激に対する嫌悪を学習させることができる．これを嫌悪条件づけという．ある実験では，ヘビ，クモ，花，キノコの写真が，電気ショック，音，何もなし，のいずれかとランダムに対呈示された．その後，それぞれの写真に対して電気ショックがどれくらい伴っていたかという随伴確率を参加者に評価してもらうと，実際には等しく 33％ であったにもかかわらず，ヘビとクモの写真に対しては確率がそれよりも高く評価された[6]．このように，ヘビやクモの写真に対しては，他の写真よりも容易に嫌悪刺激との連合が形成されることが，多くの研究によって示されている[7]．

　同様の現象は，他個体の反応から学習する場合にもみられる．アカゲザルに対し，ヘビを見て恐怖反応を示しているサルの映像と，花に対して恐怖反応を示しているサルの映像（実際にはヘビに対して恐怖反応を示しているサルの映像を花と合成したもの）のそれぞれを呈示した実験では，前者の映像を呈示された群のアカゲザルは速やかにヘビに対する恐怖心を獲得したのに対し，後者の映像を提示された群では花に対する恐怖心は獲得されなかった[8]．このように，霊長類は実際に自分で経験しなくても，他個体の行動を観察することで恐怖心を獲得できるが，その対象は何でもいいというわけではないのである．

　さて，私たちヒトは必ずしも適応的な判断や行動をするとは限らない．たとえば避妊手段を講じたうえでの性交はどうだろうか．性交は快楽を伴うので個体の利益にはなるが，遺伝子は次世代に伝わらないので遺伝子にとっての利益にはならない．ヒトの心が自然淘汰の影響を受けているのなら，なぜこのような行動がみられるのだろうか．

　キース・スタノビッチ(Stanovich, K.E.)は，人間の情報処理は **TASS**(the autonomous set of systems) と**分析的システム**（analytic systems）という異なる二つのシステムからなっているという二重過程モデルからこれを説明している[9]．TASS は，特定の目的を遂行する脳内の自律的・並列的なモジュールで，処理スピードがきわめて高く，動作は通常意識されない．他方，分析的システムは連続した情報処理，集権的実行コントロール，意識的で広い範囲にわたる役割を果たす動作を担い，処理スピードは遅く，その目的は一般的で特定されていない．TASS はヒトにかなり普遍的に見られるシステムで，遺伝子の複製という目的のために進化してきたと考えられる．一方，分析的システムはこれに比べると個人差が大きく，どちらかというと個体の利益のため働いているシステムである．

　これらのシステムの特性について，スタノビッチは火星探査機を例にあげて説明している．たとえば遠隔操作で火星を探査するロボットを造ろうとすると，いちばん単純な方法は地球から電波を送ってリアルタイムで遠隔操作するというものである．スタノビッチはこれを，short-leash（短い引き綱）型の直接制御方式としている．しかしながら，火星は地球からかなり遠く，電波が届くには数分かかる．直接操作していると，何か不測の事態が起こってしまったときには対応できないこともあるだろう．そうなると，リアルタイムで操作するのではなく，探査機に自分で意思決定をさせて，ある程度自由に振る舞わせた方が合理的になる．こちらのほうは long-leash（長い引き綱）型の制御方式とされている．

　自然淘汰が働くと，生物はあたかも誰かが設計して造ったようになるので，この火星探査機の例は遺伝子と個体の関係についても当てはまる．個体があまり変化のない環境におかれるのであれば，遺伝子は個体の行動をある程度「造り込んで」おけばいい．これは short-leash 型の制御と対応している．しかし，もし環境の変化が激しく，予測できないことが多ければ，long-leash 型の制御にするべきだろう．スタノビッチはこれについて，遺伝子の視点からこう述べている．「脳よ，外の世界は変化が速すぎて，事細かに指示をすることができない—だから，われわれ（遺伝子）がつくり込んでおいた一般的目的（生存，有性生殖）に

照らして，最適な行動をとりなさい」（邦訳，29頁）．しかし，変化が遺伝子の「想定」を超えたものになると，遺伝子にとっての利益と個体にとっての利益が一致しないという事態が生じることになる．先にあげた，避妊手段を講じたうえでの性交はそのような理由でみられるのかもしれない．

◉ 1.5 文化と進化は（必ずしも）対立するものではない

　遺伝子によって long-leash 型の制御をされているヒトが発達させたのが，文化である．遺伝子は世代から世代へと伝わることで変化を蓄積し，淘汰を受けることで適応的な性質が進化する．文化もまた世代から世代へと伝わる情報であることは遺伝子と同じだが，遺伝子よりもはるかに変化とその蓄積が早く，環境の変動に適応していくことができる．ホモ・サピエンスが地球上のほとんどあらゆる環境に広がっていくことができたのは，この文化のおかげだ[10]．

　上述のように，現代人には必ずしも適応的ではない行動が見られるが，進化心理学は，心が適応した環境と現在の環境が異なるということからこういった行動を説明しようとする．過去の環境に適応してきた心の働きが，現代の環境においていわば誤作動することによって不利益な行動が起こってしまうというわけだ．一方，文化進化論によると，ヒトは文化によって新しい環境へと素早く適応できるので，環境のギャップはあまり重要ではない．ではなぜ適応的ではない行動が見られるのかというと，社会的学習によるバイアスの結果ではないかと考える．ヒトは他の類人猿に比べても，他者の行動を過剰なほど模倣しようとする．このような強力な社会的学習によって文化の伝達は支えられてきたのだが，それがあまりに強力なので，場合によっては不適応な行動が学習され，広まっていくこともあるというのである．また，遺伝子は両親からしか伝わらないのに対し，文化的な情報は両親以外の上の世代や，同世代の個体といった他の様々なルートからも伝わる．それらもまた，不適応な行動パターンが広まっていくことを強化するだろう．

　文化は世代から世代へと伝わる情報であり，伝達のミスなどによって変化する．変化によってより伝わりやすくなれば，そのような文化が広がっていくだろう．これは遺伝子への自然淘汰と同じ原理であり，つまり文化も適応的な方向へと進化するということになる．では遺伝子とは独立にそういった進化が起こるのかというと，遺伝子が文化に影響することもあり，逆に文化が遺伝子に影響する

こともある．このようにして起こるのが，遺伝子-文化共進化である．これは二重継承理論ともよばれるが，上述のように，脳をはじめとする神経系は遺伝子の情報によって造られているので，ヒトが何に注目し，何を学習するのかといったことは，遺伝子の影響を受ける．つまり遺伝子は文化に影響しているのだ．逆に，文化が遺伝子の淘汰に影響することもある．ヒトは文化に強く依存しているので，文化によって適応すべき環境が創られる，つまりニッチ構築[11]が起こるわけである．このように，文化と遺伝子は必ずしも対立するものではない．文化と遺伝子が互いにどのように影響し合いながら進化してきたのかということを解明していくことが，今後の進化心理学にとっての大きな課題だろう．

■文　献

1) Boyd, R., & Silk, J. (2008). *How Humans Evolved* (5th ed.). W.W. Norton. 松本晶子・小田亮（監訳）(2011).『ヒトはどのように進化してきたか』ミネルヴァ書房.

2) Darwin, C. (1859). *On the Origin of Species by Means of Natural Selection.* John Murray. 渡辺政隆（訳）(2009).『種の起源〈上〉〈下〉』光文社.

3) Weiner, J. (1995). *The Beak of the Finch.* Vintage. 樋口広芳・黒沢令子（訳）(2001).『フィンチの嘴』早川書房.

4) Kipling, R. (1902). *Just so Stories for Little Children.* Gramercy. 城宝栄作（訳）(1977).『キップリングのなぜなぜ物語』評論社.

5) Clutton-Brock, T.H. & Isvaran, K. (2007). Sex differences in ageing in natural populations of vertebrates. *Proc R Soc B,* **274**, 3097-3104.

6) Tomarken, A.J., Mineka, S., & Cook, M. (1989). Fear-relevant selective associations and covariation bias. *J Abnorm Psychol,* **98**, 381-394.

7) Öhman, A., & Mineka, S. (2001). Fears, phobias, and preparedness: toward an evolved module of fear and fear learning. *Psychol Rev,* **108**, 483-522.

8) Cook, M., & Mineka, S. (1990). Selective associations in the observational conditioning of fear in rhesus monkeys. *J Exp Psychol Anim Behav Process,* **16**, 372-389.

9) Stanovich, K.E. (2004). *The Robot's Rebellion: Finding Meaning in the Age of Darwin.* The University of Chicago Press. 椋田直子（訳）(2008).『心は遺伝子の論理で決まるのか』みすず書房.

10) Henrich, J. (2015). *The Secret of Our Success: How Culture Is Driving Human Evolution, Domesticating Our Species, and Making Us Smarter.* Princeton University Press. 今西康子（訳）(2019).『文化がヒトを進化させた』白揚社.

11) Odling-Smee, F.J., Laland, K.K., & Feldman, M.W.L. (2003). *Niche Construction: The Neglected Process in Evolution.* Princeton University Press. 徳永幸彦・佐倉統・山下篤子（訳）(2007).『ニッチ構築—忘れられていた進化過程』共立出版.

鮫島和行

Chapter 2
進化心理学と神経・生理

　進化心理学と計算論的神経科学との関連性について，いくつかの例をもちいて解説する．タイトルから神経心理学，生理心理学との関連についての章と勘違いされる読者がいるかもしれないので断っておくが，これらの学問は神経生理学や神経科学とは成り立ちも目的も異なるので注意されたい．神経心理学とは神経系に異常が生じた際の心理検査を中心に据えた医学分野であり，生理心理学は主観報告や行動と発汗や心拍などの様々な生理現象との関連をおもに扱う心理学分野である．一方で，行動の原因を神経メカニズムに還元することで理解するのが神経科学・神経生理学である．そのメカニズムの機能的意義である計算論，そこから導出されるアルゴリズム，アルゴリズムを生理現象で実装する方法，に分解して様々な神経現象を理解する計算論的神経科学のアプローチは，報酬に基づく意思決定やその学習のメカニズム，社会行動を支える利他的な意思決定のメカニズムに，様々なレベルでの説明を与える．これらの計算論・アルゴリズム・神経実装のレベルの説明と進化心理学との接点を探る．

◉ 2.1　神経科学と進化

　神経科学者は，ニコラース・ティンバーゲン（Tinbergen, N.）の四つのなぜのうち至近要因，すなわち行動の原因を神経の活動電位や神経伝達物質などに求める．また一方で，それらの神経活動が行動へつながる過程を研究するうえで，ヒト以外の動物をヒトのモデルとして研究をする．霊長類や哺乳類など，ヒトに近縁の動物を用いることから，神経活動から行動に至るメカニズムが進化的にある程度保存されているような，相同な脳領域や神経細胞活動を研究する．近年では，直接ヒトの脳の神経活動を実験的に観測する方法である**機能的核磁気共鳴画像**（fMRI; functional magnetic resonance imaging）などの方法で脳血流と行動との相関を調べる研究が行われている．その場合であっても，動物実験によって

得られる神経生理現象をベースとして，その脳活動や行動との相関が議論される．この意味で，近縁種と進化的に保存された脳の構造や神経伝達物質とヒトの「こころ」の至近要因を説明することは，進化における相同性を前提としている．一方で，ショウジョウバエやコオロギなどの系統的には非常に遠い昆虫の神経系を調べる研究も盛んに行われている．これは進化的に異なる履歴をもっていても，基本的な報酬や罰の予測やそれに伴う学習行動など，共通の計算原理を知るのに非常に重要な研究である．異なる神経メカニズムや神経伝達物質を使っている場合もあるが，その根底の計算原理を探るためには，遠縁の種をあえて調べることも重要になるのである．

　本章では，行動の至近要因を探る立場であるシステム神経科学分野を進化の視点から見た場合のいくつかの例について解説する．

◉ 2.2　マーの3レベルとティンバーゲンの四つの行動要因

脳を情報処理機械に見立てて，
　① その情報処理機械の機能目的は何であるのか．
　② その機能目的を達成するための方法（アルゴリズム）は何であるのか．
　③ その方法を生理現象（ハードウェア）で実現するにはどのようにするのか．
という三つのレベルに分けて，神経情報処理として脳を理解しようという，計算論的アプローチが，1980年，デビッド・マー（Marr, D.）によって提唱された[1]．計算論のレベル，アルゴリズムと表現のレベル，神経実装のレベルの三つのレベルそれぞれでの理解はある程度独立に研究可能とした．それぞれ，進化生物学や生態学が計算論レベルに，行動科学や認知神経科学がアルゴリズムと表現のレベルに，神経実装レベルが解剖学や分子生物学に対応する．各分野での神経の理解はお互いに制約を持っており，三つのレベルを貫いて理解することが最終的には脳全体の理解につながる．

　ティンバーゲンの四つのなぜに対応づけるとするならば，究極要因は計算論に，至近要因はアルゴリズムに，発達要因と進化要因はハードウェアに対応づけることができる．その行動の原因を，環境の淘汰圧や生存確率に結びつけようとすることは，計算機に例えたときのその情報処理の機能的意義と考えることができ，行動の原因を神経情報表現や情報処理方法に起因すると考えればアルゴリズムの問題になる．それらのアルゴリズムが，神経の発達によってまたは，生得的

に遺伝子にプログラムされた神経回路構成や神経伝達物質の作用によって処理されると考えれば，ハードウェアの問題になる．進化心理学的な視点に立てば，ヒトを含む動物の行動の説明として淘汰圧となりうる機能的意義を議論するのは計算論であるし，どのような進化的な履歴によって神経機構が進化してきたのかを考えるのに，近縁種と相同な分子機構や神経回路機構が用いられているのかを分子生物学的・神経生理学的に調べることは，ハードウェアによって進化的要因の傍証を探っていることになる．

　次節から，計算論的神経科学での研究例をもとに，進化的視点と計算神経科学の接点を見ていこう．

◉ 2.3　報酬の予測とドーパミン神経系

　計算論的神経科学のひとつの成功例は，ドーパミン神経系と強化学習理論との一致である．強化学習理論とは，もともとは学習心理学の理論である条件づけや連合学習，効果の法則などの行動強化のアイデアから派生した，機械に学習させるための理論的枠組みのひとつである[2]．強化学習の計算論，すなわち実現する機能とは，機械や行動主体が環境と行動出力と状態観測を通して相互作用し，行動主体にとって重要である特別な刺激「報酬」として，その時間的総和を最大化するような状態から行動への対応関係を，相互作用を通じた試行錯誤で発見することである．生物の採餌行動は，餌場の環境内でできるだけ効率的に餌にありつくことで説明されるように，行動主体が環境から情報を得て累積報酬を最大化しようと学習している，と仮定することに相当する．鍵となるのは，行動が環境の状態を変化させ，状態に依存して適切な行動が異なるため，現在の行動だけでなく将来の状態や報酬を含めて行動を最適化することにある．そのためには，将来の累積報酬の予測を行動主体が状態や行動の関数として学習する必要がある．これを価値関数とよぶ．価値関数を学習するためのアルゴリズムはひとつではないが，**TD**（temporal difference）学習アルゴリズムとして提案されているものがある[2,3]．TD学習では，価値関数の時間的差分の期待値が，過去に経験した報酬の平均と釣り合う必要性に着目し，これが釣り合わないときには，それを誤差（TD誤差とよばれる）として価値関数の修正を行う．行動・状態遷移・報酬の経験を多数サンプルすることによって統計的に平均を求めることで価値関数を学習する．

　このTD誤差と同じ挙動を示す神経細胞が中脳のドーパミン細胞に見つかった[4]．マカクザルに古典的条件づけを行わせ，このときのドーパミン細胞を記録したところ，条件づけが成立する学習前では報酬（**無条件刺激**, US; unconditioned stimulus）のタイミングで活動が見られるのに対して，条件づけ成立後は報酬のタイミングでの活動に変化はなく，報酬に先行する**条件刺激**（CS; conditioned stimulus）に対して活動するように変化した．条件づけ後に条件刺激は提示するが報酬を与えなかった場合には，報酬があるはずだったタイミングで神経活動は休止した．パブロフの犬で考えれば，メトロノームの音（CS）を聞くことで餌が与えられる（US）ことが予測できるようになり，餌が与えられたときに唾液をだすのではなく，メトロノームが鳴りはじめた時点で唾液をだすことと同様な現象であるといえる．

　この挙動をTD誤差として考えると，将来の報酬予測に反している場合，すなわち予想外の「驚き」による誤差信号に一致していると考えることができる．条件づけ成立前後の報酬が得られる時点では，学習前には報酬が到来することに正の驚き（誤差）が生じるが，学習後はCSによって予期された報酬は「驚き」がないため誤差0となる．さらに学習後に報酬が到来しなかった場合には負の驚き（誤差）が生じる．また，ドーパミン細胞の活動を行動に相関して電気刺激すると行動が強化される．ヒトでも麻薬依存症にドーパミンの異常分泌が関連することが報告されていることなどから，脳の報酬による行動強化にドーパミン神経系が関与していることが知られている．ヴォルフラム・シュルツ（Schultz, W.）らの研究以降，ヒトの非侵襲計測やドーパミン神経系の薬理的操作をすることで，行動強化の変容を調べ，そのときのTD誤差との脳活動との相関を求める研究や，齧歯類の神経系を刺激操作したときの行動学習による変化や選択の歪みと強化学習アルゴリズムとの対応関係を見る研究などが展開されており，TD学習が脳の報酬系のモデルとして説明される現象が多数報告されている．

　哺乳類の神経系の研究から，ドーパミンの神経修飾は行動や報酬にかかわることが明らかになってきたが，ドーパミンの機能はすべての生物に共通なのだろうか？　霊長類をはじめとする脊椎動物では，ドーパミンやセロトニンの機能はほぼ同じで，大脳皮質や大脳基底核などの解剖学的な相同性もある程度保存されている．しかし，節足動物，特にショウジョウバエ，ハチ，コオロギなどの昆虫の微小脳で，学習や記憶にかかわっていることが知られているキノコ体でこれらの物質の役割はどうであろうか？　昆虫では，報酬の学習にはおもにオクトパミン

が，罰の学習にドーパミンが関連することが知られている．寺尾と水波は，ドーパミン神経系がコオロギの罰学習の TD 誤差として働くことを見出している[5]．哺乳類の報酬系と同様に，罰予測を行う神経系が存在し，その予測を学習させるように予測誤差の情報をドーパミンが媒介する．もちろん，哺乳類のように，大脳皮質や大脳基底核などの区分や相同性が議論できるような神経構造を昆虫はもたないが，同様の機能を実現する神経系が昆虫にも存在する．ただし，それを実現する細胞内の分子機構は異なり，異なる神経修飾物質系で同じ機能が実現されている．

　計算論的に考えると，報酬や罰に対して適切に行動を切り替え学習する機能は，動物全体がもつべき機能，すなわち生存と繁殖に重要な淘汰圧のひとつである．昆虫はその機能を実現するような神経回路・修飾物質系をもつが，その実現方法は哺乳類の進化の過程で獲得してきた神経系の機構とは異なる．計算論は同じでも哺乳類と昆虫では異なるハードウェアをもつ．コオロギで見出された，罰に対する TD 誤差の神経機構は哺乳類のもつアルゴリズムと本当に同一であるのだろうか．少なくとも予測に基づく「驚き」を用いていることは，われわれの脳のアルゴリズムの進化，特に強化学習アルゴリズムの問題として考えることができるだろう．

◉ 2.4　他者の行為認知と社会性

　進化と神経を考えるうえで，最も有名なのはいわゆる社会脳仮説であろう．ロビン・ダンバー（Dunbar, R.I.M.）とスザンヌ・シュルツ（Shultz, S.）は，霊長類の脳のサイズと生活する集団のサイズの相関をもとに，生殖を前提としない他者や同性どうしでも関係性を維持する必要性が脳の増大のきっかけになったのではないかという仮説を提唱した[6]．集団生活の中では他者の行動を読み合い，騙し合い，ときには戦略的に協力するマキャベリ的知性が必要になる．霊長類の脳が大きく進化したのは，他者との集団が大きく複雑になるにつれ，その集団サイズを維持するために他者の認知状態や報酬を気にしながら意思決定したり，行動を他者と調整するための神経系が必要であったというものである．他者の行動や報酬に関係する神経回路をマカクザルの神経系で調べる研究は，霊長類の脳の機能を考えるうえで重要である．以下では，社会性を支える神経基盤がどのようなアルゴリズムや情報表現をもつのか，また，その神経回路がヒトの社会性に関与

する脳活動とどのような関係にあるのかをみていこう.

　ジャコモ・リゾラッティ（Rizzolatti, G.）らは，マカクザルの腹側運動前野とよばれる皮質領域から，自らの手で物を掴む行為の実行中と，他者が物を掴む動作を観察中とで，同じように神経発火を起こすニューロンを発見した[7]．自己の運動計画生成に使われる神経回路が他者の運動認知にも用いられることから，他者の運動生成を自己の運動生成回路によってシミュレーションしている可能性である**直接一致仮説**（direct match hypothesis）が提唱されている．ミラーニューロンは最初の発見では前頭葉からの記録であったが，その後，下頭頂葉にも見つかっている．他者の行為認知と自己の行為生成の予測と認知にこれらの前頭-頭頂連関ネットワークがかかわるのではないかというミラーシステム仮説が提案されている.

　ミラーシステムは，他者の行為を自己の行為に置き換えたシミュレーションとして理解する神経回路と考えられる．しかし，社会性を発揮するためには自己の行為と他者の行為を切り分けて他者の信念や目的が自己と異なることを明確に認識する必要が生じる．自己の行為を担当する神経表現と他者の行為を担当する神経表現との分離が行われ，かつそれらが相互作用するような神経回路が必要となる．アルゴリズムとしては，他者の行為から他者の目的，他者の知っていること（認知状態）を取り込み，その他者認知に基づいて行為の予測をすることは，「心の理論」やメンタライジングとよばれる．ヒトの非侵襲脳活動計測によって，他者の行為からその認知状態を認識するメンタライジングにかかわる脳領域が調べられている．デビッド・アモディオ（Amodio, D.M.）とクリス・フリス（Frith, C. D.）らのメタ分析[8]では内側前頭前野や，上側頭回などが社会的行為の予測や制御にかかわることが示されている．この研究以後にも，経済ゲームや他者との相互作用によって競合・協調するような意思決定課題によってヒトの fMRI 研究が行われており，他者の行為予測を自己の行為に反映させるアルゴリズムのなかで使われる変数と，内側前頭前野や外側前頭前野と下頭頂連合野の活動との相関が報告されている.

　マカクザルに他者の心的状態を推定する能力があるのかどうかを誤信念課題でテストする試みがなされており，多くの研究がこれまで否定的な結果を報告していた[9,10]．しかし近年，林剛丞らはヒトが行為している状況のビデオをサルに見せ，その時の誤信念課題をビデオで見せたときの予期的な視線移動を用いることによって，他者の心的状態に基づく視線移動が行われている証拠を提出してい

る[11]. この課題において内側前頭前野を一過的に抑制したところ, この誤信念課題での予期的な視線移動が抑制された. 内側前頭前野が, 誤信念課題における他者の行動予測にかかわることが, 因果的に証明されたことになる.

　磯田昌岐らの研究グループでは, マカクザルに, 他者の行動をモニターすることによって自己の行動の調整をする必要がある課題を行わせ, 腹側運動前野と内側前頭前野からの神経活動と局所電位（局所脳波）を計測している[12]. 対面に2頭のサルを座らせ, 三つのボタンから順序を決めてボタンを押させる. ただし, 行為を行うのは2頭のうちの1頭のみで, 残りの1頭は他者のボタン押し順序を観察するのみとした. 行為を行う順序の指定は外部から指示を出し, 任意の順序でその役割を変更させる. つまり, 自分の行為順序になるまで正確に他者の行為を観察しておかないと, 自分の順番になったときに適切なボタンがわからなくなってしまう, という課題となっている. 神経活動計測の結果, 腹側運動前野にも内側前頭前野にも, 自己の運動の情報のみをもつニューロン（自己ニューロン）, 他者の運動の認知のみの情報をもつニューロン（他者ニューロン）, その両方の情報をもつニューロン（ミラーニューロン）の3種類が見つかった. それらのニューロン数の比率は, 内側前頭前野では（他者ニューロン）＞（ミラーニューロン）＞（自己ニューロン）となっているのに対して, 腹側運動前野では（ミラーニューロン）＝（自己ニューロン）＞（他者ニューロン）となっていた. つまり, 他者の行為の情報を分離するメンタライジングは内側前頭前野に強く関連するのに対して, 腹側運動前野はおもに自己の運動計画や他者の行動観察の際に働くことを示している. この内側前頭前野と腹側運動前野との神経連絡を遮断すると, 他者と自己との行動調整を行う課題の成績が低下した. 他者の動作情報を参照して自己の動作を適切に行うには, 前頭葉の各領域の連携が必要であることを示している.

　ここまでの様々な非ヒト霊長類の神経生理学的な知見や, ヒトの非侵襲脳活動計測の知見を合わせると, 霊長類の脳のサイズ, 特に大脳皮質の容量は, マキャベリ的な社会性, すなわち自己の報酬を最大化するために他者の行動を観測し, 心的状態を推定することで他者の行為を予測するような知性の発現のために大きくなったことを想像させる. 戦略的に高い知性を発揮し, 他者と競合する場合には出し抜き, または, 他者と協力することで自己の報酬を最大化できるならば協力する. いわば, 前節で説明した強化学習の問題設定における報酬最大化原理と, 環境内に存在する他者を利用した最適行動の帰結としての社会性は, 計算論

や淘汰圧として説明できる．しかし，ヒトのもつ社会性はこのような戦略的な計算アルゴリズムやそれを実現するハードウェアのみによって説明されるのだろうか．特に，共感性とよばれている，他者の報酬を気にして行動を起こすメカニズムにはこのようなマキャベリ的な自己中心的行為生成だけではない側面も考慮に入れなければならない．次節で，他者の報酬にかかわる神経機構についてみていこう．

◉ 2.5 他者の報酬認知と共感性

　ヒトは，社会的状況において，自己の報酬のみならず，他者の報酬を気にしながら意思決定を行っている．いわゆる利他的な人は相手が知り合いでもなんでもなくても，相手に対しての報酬と自分に対しての報酬の差を気にして公平な意思決定を行う．一方で，利己的な人は他者の報酬は気にせず自己の報酬にのみ配慮した意思決定を行う．このような社会的な価値志向性と fMRI で測定される脳血流の個人差との関連を示す研究がある[13]．**社会的価値志向性**（SVO; social value orientation）が利他的である**プロソーシャル**（prosocial）な人は，他者と自己の報酬分配の差が大きくなるとそれに応じて扁桃体の脳活動により強い反応が出るが，利己的である**プロセルフ**（proself）ではそのような反応の相関はみられなかった．プロソーシャルの傾向が強い人ほど，その反応の相関が強いことから，扁桃体と社会的価値志向性になんらかの関係があることが示唆された．

　残念ながら，マカクザルでの研究で，完全な利他性，すなわち直接利害関係のない他者への報酬分配や報酬提供に関する神経活動は報告されていない．しかし，自己の選択によって他者へ報酬を与えることで，二次的に自己の利益を最大化する課題[14]や，自他両者に報酬がくる場合と自己のみに報酬が来る場合の古典的条件づけ課題での研究[15]はある．スティーブ・チャン（Chang, S.W.C.）らは，他者に報酬を提供する選択肢と，両方報酬が得られない選択肢からサルに選択を行わせた場合，両者が報酬を得られないよりは他者に報酬を提供する利他的選択をマカクザルが行うことを見出した[14]．そのときの前帯状回皮質の神経活動を記録したところ，他者の報酬に反応するニューロン，自己の報酬に反応するニューロン，他者と自己の区別なく報酬に反応するニューロンを発見した．則武厚らは，古典的条件づけのパラダイムを用いて，自己のみに報酬がくる CS，自己と他者の両者に報酬がくる CS を提示したときの予期的な報酬期待反応（予期

的リッキング）を比べたところ，他者の報酬確率が上がるに従って予期的リッキングが減少することを示した[15]．他者に報酬がいくことで，自分の報酬の価値が主観的に低減したことを示している．同様に，内側前頭前野の神経活動を計測したところ，自己の報酬確率のみに依存して活動を変化させるニューロンと，他者の報酬確率のみに依存して活動を変化させるニューロンが独立に計測された．それらを統合した主観的な価値に相当するニューロンは，視床下部やドーパミンニューロンで観測された．これは，内側前頭前野で別々に計算される価値の情報が皮質下の神経回路で統合されることを示唆している．

　他者への報酬の分配や他者との報酬の比較などの他者の報酬を気にする神経回路は大脳皮質ばかりでなく，大脳基底核や扁桃体などの皮質下の神経回路を通じて統合され主観的な価値として行動を制御することが考えられる．公平性や競合性を処理する神経回路はマキャベリ的な自己の報酬の最大化だけではなく，進化的に見て古くから引き継がれた皮質下の神経回路との相互関係に依存している可能性がある．

● 2.6　直感的社会性と熟慮的社会性

　意思決定にかかる時間に応じて，使われる脳部位が異なるという研究がある．シャオホン・ワン（Wan, X.）らは，詰将棋の意思決定を行わせる課題を1秒以内に答えてもらう課題を，将棋のプロ棋士とアマチュア棋士に行ってもらい，そのときの脳活動をfMRIで計測した[16]．その結果，プロの棋士で，かつ熟慮せずに直感的に1秒以内に答えてもらう場合に大脳皮質と大脳基底核の活動上昇が見られたが，熟慮した場合には大脳皮質にしか活動が見られなかった．前者は直感的意思決定であり習慣行動による意思決定と関連し，後者は熟慮的意思決定であり目標志向行動による意思決定と関連する．意思決定には，その行動が要求される速さに応じて，複数の神経回路が関ることを示している．

　山岸俊男らは，SVOや様々なゲーム課題によって一貫してプロソーシャルな人と，一貫してプロセルフな人の社会的意思決定と反応時間との間の関係を調べた[17]．その結果，プロソーシャルな人は反応時間が早ければ早いほど利他的な選択を示し，時間がかかるにつれて逆に利己的な選択をとる．一方プロセルフな人は逆の傾向であり，反応時間が早いと利己的な選択をとるが反応時間に依存して利他的な選択をとった．社会的意思決定において，他者に対して利他的である

人は熟慮的意思決定として利他的な選択をしているというよりは直感的に利他的行動をとっている可能性を示唆している.

◉ 2.7　計算論と進化心理学の接点

　本章では, 神経科学, 特に計算論的神経科学と進化心理学の接点を, 意思決定と社会性を支える神経基盤を題材に探った. 第1章でみたように, 進化心理学は機能主義心理学である. この考え方は神経科学・神経生理学の見方からすると, その機能はなんのためにあるのか, どのような機能なのか, その機能をどう実現しているのか, の三つに分解して理解をめざす計算論的神経科学のアプローチそのものであるともいえる. 神経の現象をひもとき脳をリバース・エンジニアリングすることは, ハードウェアを見てアルゴリズムや計算論のレベルで考えることに相当する.

　われわれが, 多くの他者との相互作用のなかで複雑化した相互依存関係を維持し社会を構成するために必要な利他行動は, 遺伝的に脳のハードウェアとして埋め込まれた形質なのか, それとも大きな社会のなかの相互作用によって習慣的に獲得された行動なのか, 遺伝決定論者と経験主義者とで議論が起こる題材である. 本章でみてきたように, 計算論的神経科学の立場からすると, その両方である可能性が浮かび上がる. ティンバーゲンの四つのなぜに戻れば, 進化的な履歴や淘汰圧だけでなく, その個体がどのような文化や社会のなかで育ったかの発達要因や, 社会的な意思決定の神経メカニズムの至近要因を含めて, 脳がどのように成り立ち学習されていくのかを考えることにより, われわれの行動を理解する必要があるだろう. 行動の理解に, 神経現象だけでなく遺伝・文化・学習など様々な視点を統合してみる進化心理学の考え方は, ある意味において計算論的神経科学と同一であるともいえる.

■文　献

1) Marr, D. (1982). *Vison*. Freeman. 乾敏郎・安藤広志 (訳) (1987). 『ビジョン—視覚の計算理論と脳内表現』産業図書.
2) Sutton, R.S., & Barto, A.G. (2018). *Reinforcement Learning: An Introduction*. MIT press. 奥村エルネスト純, 鈴木雅大 他 (監訳) (2022). 『強化学習 (第2版)』森北出版.
3) 澤幸祐 (編) (2022). 『手を動かしながら学ぶ学習心理学』朝倉書店.
4) Schultz, W., Dayan, P., & Montague, P.R. (1997). A neural substrate of prediction and

reward. *Science*, **275** (5306), 1593-1599.

5) Terao, K., & Mizunami, M. (2017). Roles of dopamine neurons in mediating the prediction error in aversive learning in insects. *Sci Rep*, **7** (1), 1-9.

6) Dunbar, R.I.M., & Shultz, S. (2007). Evolution in the social brain. *Science*, **317** (5843), 1344-1347.

7) Rizzolatti, G., et al. (1996). Premotor cortex and the recognition of motor actions. *Cogn Brain Res*, **3** (2), 131-141.

8) Amodio, D.M., & Frith, C.D. (2006). Meeting of minds: The medial frontal cortex and social cognition. *Nat Rev Neurosci*, **7** (4), 268-277.

9) Marticorena, D.C., et al. (2011). Monkeys represent others' knowledge but not their beliefs. *Dev Sci*, **14** (6), 1406-1416.

10) Anaya-Ruiz, M., Vincent, A.K., & Perez-Santos, M. (2014). Cervical cancer trends in Mexico: Incidence, mortality and research output. *Asian Pac J Cancer Prev*, **15** (20), 8689-8692.

11) Hayashi, T., et al. (2020). Macaques exhibit implicit gaze bias anticipating others' false-belief-driven actions via medial prefrontal cortex. *Cell Rep*, **30** (13), 4433-4444.

12) Ninomiya, T., Noritake, A., Kobayashi, K., & Isoda, M. (2020). A causal role for frontal cortico-cortical coordination in social action monitoring. *Nat Commun*, **11** (1), 1-15.

13) Haruno, M., & Frith, C.D. (2010). Activity in the amygdala elicited by unfair divisions predicts social value orientation. *Nat Neurosci*, **13** (2), 160-161.

14) Chang, S.W., Winecoff, A.A., & Platt, M.L. (2011). Vicarious reinforcement in rhesus macaques (*Macaca mulatta*). *Front Neurosci*, **5**, 27.

15) Noritake, A., Ninomiya, T., & Isoda, M. (2018). Social reward monitoring and valuation in the macaque brain. *Nat Neurosci*, **21** (10), 1452-1462.

16) Wan, X., et al. (2011). The neural basis of intuitive best next-move generation in board game experts. *Science*, **331** (6015), 341-346.

17) Yamagishi, T., et al. (2017). Response time in economic games reflects different types of decision conflict for prosocial and proself individuals. *Proc Natl Acad Sci U.S.A.*, **114** (24), 6394-6399.

大平英樹

Chapter 3
進化心理学と感情

18世紀に興った西欧近代的人間観では，理性の光による啓蒙が称揚されつつも，その過誤を補完する自然状態としての感情の意義が再認識された[1]．19世紀に欧米で成立した心理学も，こうした近代的人間観に基づいている．そこでは，人間の感情が動物と連続し，遺伝的基盤をもち，進化によって発達したものだという考え方は広く受け入れられてきた．一方で，人間の複雑な感情は言語により表象されて経験され，そこでは文化をはじめとする社会的要因の影響が大きいと主張されてきた．感情がどの程度進化的基盤を有し，どの程度社会的に構築されたものであるかについては，現在でも論争が続いている．そこでまず，心理学における主要な感情理論である基本情動理論と構築主義の間の論争を軸にこの問題を考える．そして，近年認知神経科学の領域で優勢になりつつある，脳の予測符号化の理論によってこれらの理論間の論争を統合し，感情についての新たな理解に到達できる可能性を示唆する．これらを踏まえて，感情の研究における進化心理学的視点の意義について考える．

◉ 3.1　感情の用語と定義

感情とは一般に，快や不快，あるいは怒りや喜びなどとよばれる心の状態やそれに基づく行動傾向を意味する．心理学においては，感情を表現する用語として，**情動**（emotion），**感情**（affect），**フィーリング**（feeling，「感じ」という訳語も用いられる），**気分**（mood）などがある．感情は心理学において100年以上にわたり研究されてきた重要テーマであるのだが，現在に至ってもなお，これらの感情に関する用語やその定義などは確立していない[2,3]．これは大きな問題であり，研究対象を明確に定義しえていないため，心理学における感情の研究は，**素朴心理学**（folk psychology）による直観的理解にとどまっているという批判もなされている[4]．

　本章では，まず情動とは，アントニオ・ダマシオ（Damasio, A.R.）の理論に
ならい，ある対象への行動，表情や姿勢などの表出，その背後にある脳活動や身
体の生理的反応，などの諸現象のセットであるとする[5]．ただしこの段階では，
主観的な気づきや意識は必ずしも必要な要件とはされない．たとえば，動物は自
らの感情を意識するか否かはわからないが，捕食者から逃避する行動を起こし，
同時に固有のパターンでの脳活動や生理的反応が生じることは観測できる．この
意味で，動物にも情動はありうるし，適切な技術があればロボットに情動を実装
することも可能だろう．また，単位時間に暗所に留まる行動の割合によって，ラ
ットの不安という情動を評価することも可能になる．

　これに対してフィーリングは，そうした情動の諸過程の一部が意識的に経験さ
れた現象であると考えられる．このためフィーリングは主観的な現象であり，外
部から測定することはできない．しかし，私たちは頑健なフィーリングの実感を
得られるし，それを他者と共有することもできるので，フィーリングが実在する
と考えることに問題はないだろう．すると，フィーリングという主観的経験がど
のように生じるのか，そのメカニズムを問わねばならない，ということになるだ
ろう．

　フィーリングは瞬間ごとに経験されて移ろいゆく現象であり，そのすべてが明
瞭に意識されるわけではない．自身のフィーリングに注意を向けていなければ，
次の瞬間には消失してしまう．私たちはこれとは別に，現在の自分自身の心の状
態を，もう少し長い時間単位で明瞭に意識することもできる．それは多くの場
合，「私は怒っている」「私は嬉しい」という言語で表現された形式を取るが，ダ
マシオの理論では，この現象を**感情**（affect）とよぶ．一方，フィーリングをよ
り曖昧な形で長い時間単位において継続的に経験することも可能であり，気分
（ムードとも訳される）は，こうした心の状態であると考えられている[6,7]．

◉ 3.2　基本情動理論と構築主義

a.　基本情動理論

基本情動理論（basic emotion theory）は，心理学において長い間優勢であっ
た感情理論である．この理論は，

　① 少数の生来の基本情動が存在し，

　② 基本情動は進化の過程を通じて形成され，

③ 基本情動は特定の神経生理学的基盤をもっている.

と主張する[8]. この理論が提唱されたのは, ポール・エクマン (Ekman, P.) らによる表情認識の研究知見が契機になっている. 白人のアメリカ人の俳優が演技した表情の写真がどのような情動を表しているかを答える課題において, 世界中の様々な文化や民族の人たちが, 白人と会ったことがない人たちでさえ, きわめて高い正確さで正答することができたという実験結果である[9]. この知見からエクマンらは, 人類に共通して, 幸福, 悲しみ, 怒り, 驚き, 嫌悪, 恐れという6種類の基本情動が存在し, それらは遺伝により生得的に人間の中に実装されていると主張した.

20世紀の終わりまでに動物研究では, 怒りや恐れに関連すると考えられる**扁桃体** (amygdala) などの脳部位の研究が蓄積されていた[10]. また, 幸福感に関連すると考えられた**側坐核** (nucleus accumbens) などからなる脳の報酬系の研究も盛んであった[11]. ここからエクマンらは, 残る基本情動についてもそれぞれに固有の神経生理学的基盤があるに違いないと主張した. また, 情動には覚醒などの身体反応が伴うことは動物でも人間でもよく観察できる. そこで, エクマンらが提唱した6種類の基本情動に対応する生理的反応のパターンを解明しようとする研究も多く行われた. そのひとつでは, 皮膚電気反応, 体温, 循環系反応, 呼吸などの組み合わせにより, 6種類の基本情動を弁別できたと報告されている[12]. これは, 19世紀にウィリアム・ジェームズ (James, W.) が提唱した, 情動の経験は身体の反応が脳によって知覚されることによって生じるという, 情動の末梢起源説に通じる発想であるといえる[13].

基本情動理論には多くのバリエーションが存在する. 例えばキャロル・イザード (Izard, C.E.) は, 怒り, 驚き, 嫌悪, 恐れ, 喜び, 苦悩・不安, 興味・興奮, 軽蔑, 恥, 罪悪感の10種類を基本情動であると主張した[14]. エクマンらの説が他の動物との連続を強く意識しているのに対して, ヒトに特有な, 高次な社会的感情をも含めているのが特徴である. またロバート・プルチック (Plutchik, R.) はダーウィンの進化論に強く共鳴しており, 8種類の原型的な適応行動パターンに基づく8種類の基本情動を提唱した[15]. たとえば, 防御の行動パターンは逃避行動で恐れと関連する. 破壊の行動パターンは攻撃行動であり, 怒りと関連する.

このように基本情動理論は当初から進化を強く意識して提唱されており, 進化心理学との親和性は高い. ただし上に述べたように, この理論の根拠となった知

見は表情認識の普遍性であり，それがただちに行動，脳，生理的反応など広範囲の現象が進化で説明できるという主張には飛躍がある．最も進化論を意識したプルチックの基本情動理論にしても，その説明はもっともらしいのだが実証に乏しく思弁的であり，本当に適応行動が 8 種類と決められるのかは疑問である．また，基本情動理論は「入力には開かれ，出力には閉じられた（input-open and output-closed）」反応[16]を想定している．たとえば恐怖という情動は，捕食者，火事，地震など様々な刺激により生じうるのであり，この意味で入力には開かれている．しかし刺激が何であれいったん恐怖の情動が惹起されたならば，表情（目を見開き口を開く），行動（逃避），脳活動（扁桃体の活性化），生理的反応（心拍や血圧の上昇）などの固定された反応のセットが継時的かつ自動的に進行すると想定されている．しかし，特に私たちヒトが経験する様々な情動が，それほどまでに進化と遺伝により規定され，普遍的に固定されているのかについては，多くの疑問や批判の声があげられた．

b.　構 築 主 義

基本情動理論への批判の先鋒となったのは，**社会構築主義**（social constructivism）である．社会構築主義は，人間の精神活動において客観的で絶対的なものはなく，自分自身と世界にかかわるすべての認識は社会的相互作用に基づいて作られ維持されていると主張する．この考え方は人類学や社会学で発展したものであるが，心理学における感情研究で社会構築主義を主導したのがジェームズ・アヴェリル（Averill, J.R.）である．彼は，感情は進化論が主張するような過去に役立っていた習慣の残滓ではなく，現在の社会環境で役立っているものであり，感情の研究はそうした現在の社会環境における機能を分析すべきであると主張した[17]．社会構築主義における感情とは，文化に依存した社会的な習慣によって形成され，翻ってその文化の維持に寄与するものであると主張されている[18]．この考え方は，後に発展する文化心理学における感情の理解にも引き継がれていく[19]．

筆者もかつて，アヴェリルの理論と方法に基づいて，わが国における怒りの感情の実態を調査したことがある．確かにその結果は，怒りという情動現象は基本情動理論が主張するような固定された諸反応のセットを出力するわけではなく，怒りの経験が攻撃行動につながることはむしろ稀であり，社会的立場や社会的文脈の影響を受けて，様々な行動や反応が戦略的に生じることを示していた[20]．

しかし，こうした社会構成主義の主張はしばしば過激すぎ，容易に相対主義に陥ってしまうことが難点であった．ヒトの感情がまったく進化や遺伝と無関係であり，その全てが社会によって作られたという主張には無理がある．また，この立場を採るのであれば，個々の社会的状況における人間行動の現象を記述することしかできず，その背後にある一般原理を解明することはできない．このため社会構築主義は，少なくとも心理学や神経科学のような実証的研究の領域とは相性が悪く，広く受け入れられることはなかった．

　一方，基本情動理論への批判は，実証的研究の領域からもなされるようになった．世界中の多くの地域と国で実施された表情の認識に関する研究の**メタ分析**（meta-analysis）の結果は，基本情動理論の主張に反して，表情の認識には文化間で大きな違いがあることを明確に示している[21]．さらに，感情，知覚，認知に関する神経画像研究のメタ分析によると，知覚，認知，感情に1対1で対応する特定の脳領域は存在せず，感情を含むほとんどの精神機能は，脳内の一般的な大規模ネットワークによって実現されていることが示唆されている[22]．この知見もやはり，特定の情動に対応する特定の神経回路を仮定する基本情動理論の主張に反している．

　基本情動理論と社会構築主義の対立を解決しようと提唱されたのが，ジェームズ・ラッセル（Russel, J.）によって提案され，リサ・フェルドマン・バレット（Barrett, L.F.）らによって展開されている**心理構築主義**（psychological constructivism）である[23]．この理論は，感情的な経験が生じるうえで二つの過程，すなわち

　① 核心感情（core affect）の形成．
　② 核心感情のカテゴリー化による情動の経験の創発．

があると主張する（図3.1）．この理論では，感情と情動という用語の意味が，前述したダマシオの理論と逆になっている点に注意が必要である．

　核心感情は，「心地よい–不快な」，「興奮–落ち着き」などのいくつかの次元の組み合わせによって記述される原初的な精神状態として考えられている．核心感情の形成において重要なのは，内臓や体液など身体内部の感覚を意味する**内受容感覚**（interoception）である．それは，生物にとって生命を維持するために恒常性を保つことが最重要な課題であり，内受容感覚はそのために身体状態をモニタリングする仕組みだからである．心理構築主義では，「快–不快」のような核心感情は，恒常性維持がうまくいっているか，なんらかの不調があるかを示すバロメ

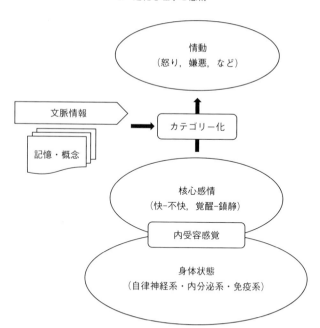

図3.1　心理構築主義による感情の構造
身体状態の神経表象である内受容感覚を基盤として核心感情が形成され，それが記憶中の概念や現在の文脈情報によりカテゴリー化されることで経験される情動が構築される．

ータのような機能があると主張している．これは，私たちが，体調が良いとか悪いとかの自覚をもつことができ，それに応じて対処行動をとることを想起すると理解しやすいであろう．核心感情は継続的に変化し続けており，常に存在している．それは少なくとも部分的に意識されうるが，言語により明示的に表現されるものではない．その意味で，核心感情は私たちの心の背景であるともいえる．また，核心感情のうち意識化されたものが，上述した感情のフィーリングであると理解することができるだろう．

　この核心感情は，記憶中にある概念と文脈の情報を用いてカテゴリー化されると考えられている．このカテゴリー化の過程を通して，主観的に経験された情動が現れる．したがって，たとえ同一の核心感情の状態があったとしても，カテゴリー化次第ではまったく異なる情動として経験されうる．また，カテゴリー化の仕方は，文化，および時代ごとに異なる言語や概念に依存している．ある意味で，この理論は基本情動理論と社会構築主義の折衷だということもできる．核心感情

とカテゴリー化という二つの過程のメカニズムは人類において普遍的で，進化的に形成され遺伝によって伝達されるが，そのメカニズムを構成する要素やその動作は社会や文化に依存すると考えるのである．

c. 基本情動理論の改訂：新基本情動理論

こうした反論を受け，感情研究の領域では，オリジナルな基本情動理論はもはや維持しがたいという共通認識が広まっている．そこで基本情動理論を支持する研究者からは，オリジナルな理論を一部改訂することによって，その妥当性を高めようとする主張が行われるようになった．

アラン・コーエン（Cowen, A.S.）やダッハー・ケルトナー（Keltner, D.）は，表情などによる情動の表出や，表出された他者の情動の理解には，文化や文脈が重要な影響を与えることを認めたうえで，情動の文脈が同じであれば人種や民族にかかわらず類似の表情表出がなされ，高い精度で情動が理解されることを示した[24]．この研究では，世界中で記録されたユーチューブ動画を用いて，いわゆるビッグデータについて機械学習を用いた解析が行われている．彼らは，基本情動を従来のような固定的な反応のセットではなく，文脈に応じてより柔軟に動作するメカニズムであると主張している[25]．

アンドレア・スカランティーノ（Scarantino, A.）も，哲学の立場から同様な議論を展開している．彼は，基本情動は遺伝により受け継がれて個人の情動行動を規定する基本原理であるという主張を維持しつつも，そこに含まれる反応のセットは固定的なものではなく，確率的に結びついていると主張する．たとえば，怒りという基本情動には，身体的に攻撃する，言語的に攻撃する，抑制する，作り笑いを浮かべる，などの様々な行動が異なる確率で結びついている．どの行動が表出されるかは，その場の文脈や個人の経験などにより影響されて確率的に決まると考える[26]．

またこれらの論者は，心理構築主義では，内受容感覚から核心感情が生じる過程，核心感情がカテゴリー化されて意識される情動が生じる過程，のいずれについても説明が抽象的であり，そのメカニズムが明らかにされていないと批判している[16]．確かにこれらの弱点のために，心理構築主義を支持する実証的知見はこれまで少なかった．この点が克服できないのであれば，新基本情動理論が主張するように，なんらかの形で基本情動が遺伝的に維持されていると考えるほうが有利であるとも考えられる．

● 3.3　感情の予測符号化

a.　予測符号化の理論

　心理構築主義は，認知神経科学の別の優勢な理論に接続することによって，感情生起の説明が抽象的だという批判を克服しようとしている．それが，カール・フリストン（Friston, K.）により提唱された**予測符号化**（predictive coding）または**自由エネルギー原理**（free energy principle）とよばれる理論である[27]．この理論によれば，知覚は単なるボトムアップ的で受動的な過程ではなく，内部モデルによる予測と実際の身体信号との差異（予測誤差）の比較から生じる能動的過程として捉えられる．脳は，①内部モデルの更新，および / または，②身体状態の変化によって，予測誤差を最小化するように処理過程を制御する．身体の位置や運動の感覚である**固有感覚**（proprioception），視覚や聴覚などの**外受容感覚**（exteroception），および内受容感覚の信号は，この予測誤差の総和を最小化する原理によって制御され統合される．

b.　内受容感覚の予測符号化

　上記のように，感情においては特に内受容感覚が重要である．予測符号化の理論では，内受容感覚は単に受動的に身体状態を知ることではなく，恒常性を維持して生命を保つために，脳内の内的モデルによる予測と身体信号との差，つまり身体状態の予測誤差を検出し，それを縮小することで身体活動を制御する能動的な過程だと考えられている[28]．バレットはこの過程を，**身体予算の管理**（body-budget management）とよんだ[29]．国家財政や家計と同様に，生物学的エネルギーも行き当たりばったりで消費していては破綻してしまう．そこで脳は予測（予算）に基づいた管理をしているという意味である．

　この考え方を拡張し，内受容感覚から意思決定と核心感情が生起する過程を説明するモデルが提案されている[30]（図 3.2）．身体状態の予測誤差が生じた際，ある行動を選択することで身体状態が予測に近づけば，それが報酬となりその行動の価値は上がる．このとき，快の感情が経験される．意思決定は，そうした感情，すなわち身体状態を基盤にした価値，に基づく行動の選択として捉えることができる．一方，行動が予測する価値と選択の結果得られた状態の差異，つまり報酬予測誤差が生じる際には，対処のためにエネルギーを高めるべく身体状態の

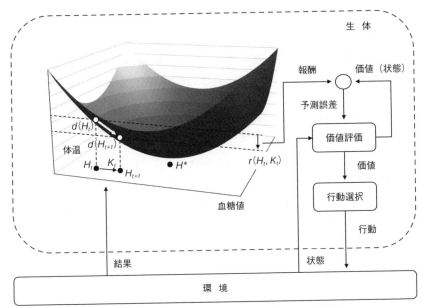

図3.2　身体状態により規定される動因・報酬・意思決定
体温と血糖値の理想的な予測を H^* と表す. 時点 t における身体状態の脳における表象 H_t は予測と離れているので, H^* に向けてこれを動かそうとする動因 $d(H_t)$ が生じる. この生体がある行動を選択し（意思決定）, その結果次の時点で身体状態が H_{t+1} に遷移したとすれば, 予測 H^* に K_t だけ近づいたことになるので動因が $d(H_{t+1})$ まで低下し, その差分が報酬 $r(H_t, K_t)$ として評価される. この報酬の信号が脳に伝えられ, 行動の価値更新に利用される.

予測が上方修正される.

　これを理解するために, 日常場面での例を考えてみよう. お昼近くになり血糖値や血圧が下がってくると, 血糖値や血圧の予測との間に予測誤差が生じ, それを縮小する行動, つまり食事が動機づけられる. そこで今日の昼食はラーメンと意思決定し, 店にでかけて食事した結果, 血糖値や血圧が回復したならば, その店の価値は上がり, またそこに行く可能性は高まる. ところが, ラーメン屋に行ってみると長蛇の列ができており, 午後の始業時間に間に合わないことがわかったとする. このとき, ラーメンという報酬の予測が裏切られ, 負の報酬予測誤差が生じる. すると, 空腹をかかえながらも別の店まで歩行するために, 脳は身体活動のレベルを引き上げる.

　このモデルは, これまでのところまったくの仮説であったが, 最近になりこの考え方を支持する証拠が得られつつある. 一例として, マウスの島（insula）におけるニューロン活動の計測データをナイーブ・ベイズ判別器という人工知能技

法により解析した研究がある[31].　島は，身体からの信号が最終的に投射される
脳部位であり，内受容感覚の重要な中枢であると考えられている．マウスの島ニ
ューロンは，普段は現在の餓えや渇きの状態を反映する活動パターンを示す．と
ころが飢餓あるいは渇水状態のときに食物あるいは水を連想する手がかり刺激を
提示すると，それらを摂取して満足した状態の活動パターンに変化した．この時
点では，まだ餓えや渇きが癒えてはいないことに注意して欲しい．島のニューロ
ンは，それらの状態を予測するように活動したのであり，こうした機能が，生存
に必要な餌や水を摂取するための行動を動機づけると考えられる．

　心理構築主義と予測符号化を組み合わせることのメリットのひとつは，感情を
生み出す過程を表現する数理的な記述を提供できることである．これは，もとも
と予測符号化は，脳の統一原理を数理的に表現しようとする志向をもつ理論だか
らである．たとえば筆者は，これらの理論に基づく感情と意思決定の数理モデル
を提案している[32,33].　著者は，こうした数理モデルによりシミュレーションを
行って，現在の文脈を提供する情報に基づいて，どのように意思決定が行われ，
身体内部の状態が制御されていくかを検討している．さらに，カテゴリー化の過
程については，人工知能でよく使われる部分観測マルコフ決定過程とよばれるア
ルゴリズムを使用した数理モデルが提案されている[34].　このモデルは，悲しみ，
怒り，幸福などの感情の概念が，身体信号の処理と核心感情にどのように影響す
るかを説明する．同時に，身体的および感情的な信号から，新たな感情的な概念
が自発的に形成される様子を記述することができる．これらの数理モデルは，パ
ラメーターを調整することにより，個人差，文化の相違，さらには感情の概念や
感情の時代による変動をも説明することができる．

◉ 3.4　感情の主観的経験とその機能

　心理構築主義と予測符号化を接合した理論的枠組みのメリットのひとつは，感
情の主観的経験が作られるメカニズムとその機能についても説明を提供しうるこ
とである．この理論的枠組みでは，身体の予測誤差の変化が核心感情の主観的な
経験を生み出すと考える．予測誤差の拡大は生体にとっての危機を意味するので
負の状態であり，予測誤差の減少は恒常性の維持に役立つので正の状態であると
考えることができる．さらに，予測誤差の時系列的変化，これを一階微分した予
測誤差の変化の速度，および二階微分した予測誤差の加速度，の組み合わせが，

「感情のクオリア」ともいうべき主観的な情動状態を創り出すという主張もなされている[35]. これは，感情研究で言われてきたフィーリングにほかならない. たとえば，予測誤差の拡大の初期段階では，予測誤差の速度と加速度が急激に増大することにより，個人は**恐怖**（fear）という言葉で表現されるような感覚を感じるかもしれない. 一方，予測誤差が収束していくと，それがたとえ大きな値で維持されていても，恐怖よりは安定した**不快**（unhapiness）のような感覚を感じるのかもしれない. ここで，実際にはこの段階ではまだ恐怖や不快のような言語的ラベルは与えられておらず，あたかもそのような言語的には表現できないフィーリングが生じていることに注意しなくてはいけない.

このように，身体の予測誤差からフィーリングが生じることの機能としては，本来は身体状態の感覚である内受容感覚は超多次元であるのだが，それを「快-不快」のような少数次元に情報縮約することによって，現在の身体状態の評価と取るべき行動の選択を容易にすることが考えられる. たとえばウイルスなどに感染した場合，細胞障害物質や炎症性物質の増加，体温上昇，各種ホルモンの分泌，など多様な身体反応が同時に生じるが，それらを個々に評価するのは計算負荷が高い. そこで「体調が悪く不快」というフィーリングを経験することによって，家に帰って休む，薬を飲む，などの行動選択を行うことができる.

人間に特有の，核心感情のカテゴリー化，それによる怒りや喜びなどの情動概念の創発とその意識などの意義も，同様な観点から考えることができるかもしれない. 不快なフィーリングのうちでも，原因が感染の場合と，他者との軋轢が原因の場合では取るべき対処行動は異なる. どのような場合でも「ムカつく」などの同一で単純なカテゴリーでしか経験できない個人は，環境への適応が困難になるであろう. すると，現在の環境や過去の記憶を基に適切な規模でカテゴリー化できる個人ほど適応的であろうと想像できる. また後者の個人ほど，自己の感情状態を他者に伝達し共有することが容易であろうと思われるので，共感を誘発し他者からの援助行動を引き出しやすいかもしれない. このように考えると，核心感情のカテゴリー化は，個人が生きる文化社会的環境でかなりの程度共有されていると思われる[36]. バレットは，このような情動のカテゴリー化の規模を**感情粒度**（emotional granularity）とよんでおり，適切な粒度が心身の健康に重要な影響を与えると主張している[37].

フィーリングや情動などの感情の主観的経験は，心理学において研究の蓄積が少なく，その詳細は不明である. これは，外的に観測ができない個人内の主観的

な経験を客観的・科学的に研究することが困難であったためである．しかし，本章に述べたように，予測符号化に基づく計算論モデルを用いれば，実測した行動や生理的反応のデータから，その背後にあるフィーリングを推定することが可能になるかもしれない．また，情動概念創発の人工知能モデル[34]は，様々な人間の情動が創発されてきた過程を垣間見せてくれる．

◉ 3.5　感情を進化心理学的に考察する意義

　本章で見てきたように，感情に関する理論的考察は，基本情動理論と構築主義の論争という形で展開してきた．しかし，新基本情動理論が文化社会的な要因の関与を認めたこと，心理構築主義が核心感情の生起において他の動物種とも連続し進化の過程で形成されたメカニズムを想定していることから，客観的に眺めれば両者の実質的な主張は近づいている．そうであれば残る課題は，私たちヒトが経験する個別の情動が，どこまで進化的に形成されたものであるのか，それが人類に普遍的であるのか，あるいは文化などの状況依存的であるのか，を解明することであろう．

　恐怖と嫌悪の機能に関するひとつの研究が，この問題を考えるために有益な示唆を提供してくれる[38]．一般に恐怖は，捕食者や天災など目に見える脅威へ対処する情動であり，嫌悪は病原体への感染など目に見えない脅威に対処する情動であると考えられている．この研究では，顔色が悪く咳き込んでいる他者の写真を見ただけで，炎症性サイトカインであるインターロイキン6（interleukin-6: IL-6）の唾液中濃度が上昇したことが報告されている．IL-6のような炎症性物質は，感染した自己細胞を排除し回復するうえで重要である．また，私たちが感染しているらしい他者に強い嫌悪を感じることは，新型コロナウイルス感染症のパンデミックで改めて思い知らされたのではないだろうか．するとこの結果は，嫌悪という情動はなんらかの手掛かりによって感染リスクを知らせ，それに対する予防的反応を惹起するという機能により進化したことを示唆する．重要なことは，恐怖を惹起すると思われる，こちらに向けられた銃口の写真は，こうした炎症反応をまったく示さなかったことである．さらにいえば，IL-6のような炎症性物質は，私たちが感染した際に経験する不快感，倦怠感，抑うつ気分などを惹起する．すると，同じ不快情動とはいえ，私たちは嫌悪と恐怖では質的に異なるフィーリングを経験すると考えられる．

　このように，機能，生理的反応，フィーリングなど複数の側面での分化が観測され，それらに合理的な進化的説明が与えられるならば，それらの情動は進化的基盤をもつ別個の実体であることが主張できるだろう．さらには，嫌悪と恐怖がそのように分化しているほど，適応度が高いという仮説を考えることもできるだろう．なんらかの行動的・生理的な方法で嫌悪と恐怖の分離度の個人差を測定し，それらの個人の適応度を調べることができれば，この仮説を進化心理学的に検証することが可能かもしれない．

　心理学における感情の研究はこれまで，感情と共に生じる行動，脳活動，生理的反応などを精緻に調べる研究が主であった．それらはいわば，感情の至近要因に関する研究であるといえよう．それらの研究は多大な成果をあげたことは事実であるが，今後は進化心理学的視点に基づいて感情の究極要因に関する研究が行われるべきであると考える．そこでは，上にあげた例のように，進化してきた感情の機能から仮説群を構築し，それを検証していくことが求められる．そのような進化心理学的研究は，感情の理解をより豊かなものにしてくれると期待される．

■文　献

1) 伊藤邦武（2020）．啓蒙の光と影．伊藤邦武・山内志朗・中島隆博・納富信留（編）『世界哲学史6―近代Ⅰ　啓蒙と人間感情論』（pp. 15-46）ちくま新書．
2) 日本感情心理学会（2019）．『感情心理学ハンドブック』北大路書房．
3) 大平英樹（編著）（2010）．『感情心理学・入門』有斐閣．
4) 戸田山和久（2021）．感情って科学の概念なんだろうか．エモーション・スタディーズ，**6**, 91-104.
5) Damasio, A.R.（1999）. *The Feeling of What Happens: Body and Emotion in the Making of Consciousness*. Harcourt. 田中三彦（訳）（2003）．『無意識の脳　自己意識の脳―身体の情動と感情の神秘』講談社．
6) Bower, G.H.（1981）. Mood and memory. *Am Psychol,* **36**, 129-148.
7) Bower, G.H.（1991）. Mood congruency of social judgement. In J. P. Forgas（ed.）, *Emotion and Social Judgement*（pp. 31-53）. Pergamon Press.
8) Ekman, P.（1999）. Basic emotions. In. T. Dalgleish and M. Power（eds.）, *Handbook of Cognition and Emotion*（pp. 45-60）. John Wiley and Sons.
9) Ekman, P., & Friesen, W.V.（1971）. Constants across cultures in the face and emotion. *J Pers Soc Psychol,* **17**, 124-129.
10) LeDoux, J.（1996）. *The Emotional Brain: The Mysterious Underpinnings of Emotional Life*. Simon and Schuster. 松本元・小幡邦彦・湯浅茂樹・川村光毅・石塚典生（訳）（2003）．『エ

モーショナル・ブレイン―情動の脳科学』東京大学出版会.

11)　Fibiger, H.C., & Phillips, A.G.（1988）. Mesocorticolimbic dopamine systems and reward. *Ann N Y Acad Sci*, **537**, 206-215.

12)　Collet, C., et al.（1997）. Autonomic nervous system response patterns specificity to basic emotions. *J Auton Nerv Syst*, **62**, 45-57.

13)　James, W.（1884）. What is an emotion. *Mind*, **9**, 188-205.

14)　Izard, C.E.（1977）. *Human Emotions. Emotions, Personality, and Psychotherapy*. Springer.

15)　Plutchik, R.（1980）. A general psychoevolutionary theory of emotion. In R. Plutchik & H. Kellerman（eds.）, *Emotion: Theory, Research, and Experience*（vol.1）*Theories of Emotion*（pp. 3-33）. Academic press.

16)　Scarantino, A.（2018）. Are LeDoux's survival circuits basic emotions under a different name? *Curr Opin Behav Sci*, **24**, 75-82.

17)　Averill, J.R.（1980）. A constructivist view of emotion. In R. Plutchik & H. Kellerman（eds.）, *Emotion: Theory, Research, and Experience*（vol.1）*Theories of Emotion*（pp. 305-339）. Academic Press.

18)　Cornelius, R.R.（1996）. *The Science of Emotion: Research and Tradition in the Psychology of Emotions*. Prentice-Hall.

19)　Markus, H.R., & Kitayama, S.（1991）. Culture and the self: Implications for cognition, emotion, and motivation. *Psychol Rev*, **98**, 224.

20)　大平英樹（1989）. 怒りの動機と反応に対する自己意識の影響. 社会心理学研究, **4**, 30-37.

21)　Gendron, M., Crivelli, C., & Barrett, L.F.（2018）. Universality reconsidered: Diversity in making meaning of facial expressions. *Curr Dir Psychol Sci*, **27**, 211-219.

22)　Lindquist, K.A., et al.（2012）. The brain basis of emotion: a meta-analytic review. *Behav Brain Sci*, **35**, 121-143.

23)　Barrett, L.F.（2017）. *How Emotions are Made: The Secret Life of the Brain*. Houghton Mifflin Harcourt.高橋洋（訳）（2019）.『情動はこうしてつくられる―脳の隠れた働きと構成主義的情動理論』紀伊國屋書店.

24)　Cowen, A.S., et al.（2021）. Sixteen facial expressions occur in similar contexts worldwide. *Nature*, **589**, 251-257.

25)　Keltner, D., et al.（2019）. Emotional expression: Advances in basic emotion theory. *J Nonverbal Behav*, **43**, 133-160.

26)　Scarantino, A.（2017）. Do emotions cause actions, and if so how?. *Emot Rev*, **9**, 326-334.

27)　Friston, K.（2010）. The free-energy principle: a unified brain theory? *Nat Rev Neurosci*, **11**, 127-138.

28)　Seth, A., & Friston, K.J.（2016）. Active interoceptive inference and the emotional brain. *Philos Trans R Soc Lond, B, Biol. Sci.*, **371**, 20160007.

29)　Barrett, L.F.（2020）. *Seven and a Half Lessons about the Brain*. Mariner Books. 高橋洋（訳）

(2021). 『バレット博士の脳科学教室 7 ½ 章』紀伊國屋書店.

30) Keramati, M., & Gutkin, B. (2014). Homeostatic reinforcement learning for integrating reward collection and physiological stability. *eLife*, **3**, e04811.

31) Livneh, Y., et al. (2020). Estimation of current and future physiological states in insular cortex. *Neuron*, 105, 1094-1111.

32) 大平英樹 (2019). 脳と身体の予測的符号化とその不全―守谷・国里・杉浦論文へのコメント. 心理学評論, **62**, 132-141.

33) Ohira, H. (2020). Predictive processing of interoception, decision-making, and allostasis: A computational framework and implications for emotional intelligence. *Psychological Topics*, **29**, 1-16.

34) Smith, R., Parr, T., & Friston, K.J. (2019). Simulating emotions: An active inference model of emotional state inference and emotion concept learning. *Front Psychol*, **10**, 2844.

35) Joffily, M., & Coricelli, G. (2013). Emotional valence and the free-energy principle. *PLoS Comput Biol*, **9**, e1003094.

36) Gendron, M. (2017). Revisiting diversity: Cultural variation reveals the constructed nature of emotion perception. *Curr Opin Psychol*, **17**, 145-150.

37) Tugade, M.M., Fredrickson, B.L., & Barrett, L.F. (2004). Psychological resilience and positive emotional granularity: Examining the benefits of positive emotions on coping and health. *J Pers*, **72**, 1161-1190.

38) Schaller, M., et al. (2010). Mere visual perception of other people's disease symptoms facilitates a more aggressive immune response. *Psychol Sci*, **21**, 649-652.

竹澤正哲

Chapter 4
進化心理学と認知

　進化心理学の勃興期，心のモジュール性は，進化心理学を特徴づける重要な概念だと考えられていた．様々な適応課題を解決するために進化した領域固有的なモジュールから心が構成されているという考えは，スイスアーミーナイフに擬えて紹介され，一世を風靡した．だがこの主張は科学者から根強い批判を受けただけでなく，特定の政治的立場を擁護するために誤用されたり，曲解された挙げ句に進化心理学そのものを否定するための論拠とされるなど，多くの混乱をも引き起こした．30 年近くに及ぶ論争の末，今ではメインストリームの進化心理学者ですら，モジュール性に代わる新たな概念を用いるようになってきたのである．本章では，進化心理学が広く浸透するうえで中核的な役割を果たしていたモジュール性という概念の将来について，認知科学における合理性論争を参考にしながら考えてみたい．

● 4.1　進化心理学と心のモジュール性

　進化的適応環境（EEA; environment of evolutionary adaptedness）には，様々な適応課題が存在しており，個々の適応課題を解決するために特化した，領域固有的なモジュールが進化した．人間の心はこうしたモジュールの集まりだ，というのが，進化心理学の勃興期における中心的な主張だった．レダ・コスミデス（Cosmides, L.）は 1989 年に出版された論文で，**裏切り者検知モジュール**（character detection module）の存在を主張した．ウェイソン選択課題（4 枚カード問題）は，抽象的な論理問題として提示されると，ほとんどの参加者は正解できない[1]．だが「裏切り者を探せ」という文脈で提示されると，多くの参加者が論理的に正しい解を導ける．このような現象が観察されるのは，人間が進化した環境では，社会的交換において裏切り者を見つけることが重要な適応課題であったために，人間の心に裏切り者検知モジュールが備わっているからだとコスミデスは

主張した.

　進化心理学におけるモジュール性 (modularity) は, ジェリー・フォーダー (Fodor, J.) の議論に大きく依拠していた[2]. フォーダーが提唱したモジュールとは, 他のプロセスから切り離されて存在し (情報の遮蔽), 互いに相互作用することなく独立した自動的なプロセスとして定義される. モジュールの例として, しばしば視覚システムにおける錯視があげられる. 錯視というものは, それが現実にはありえない, 間違っているとわかっていても, どうしてもそのようにみえてしまう現象である. つまり錯視を生じさせる視覚システムは, 意識的なシステムから遮蔽され自動的に駆動するモジュールだといえる.

　当初は進化心理学におけるモジュールも, 遮蔽性と自動性という特徴をもつ概念として紹介されてきた. さらに (進化心理学では必ずしもそう論じられてきたわけではないのだが) フォーダーはモジュールが生得的に備わっているとも主張していた. そのためか, 進化心理学が提唱するモジュールとは, 理性から独立して駆動する本能のようなものであると理解されたり, あるいは進化心理学によって理性では抗えない欲望や本能の存在が立証されたと, 誤解されることも多かった.

　だが心がどこまでモジュール的なのか, そもそもモジュールとは何かを巡って, 30 年近くも激しい議論が交わされてきた[3-6]. この論争のなかで, クラーク・バレット (Barrett, H.C.) を始めとするメインストリームの進化心理学者たちは, モジュール性という言葉の代わりに**機能的特化** (functional specialization) という用語を用いるようになったのである[7,8].

　モジュール性に対する批判をいくつかあげてみよう. モジュールが遮蔽された自動的なシステムであるならば, 様々な反証が思い浮かぶ. たとえばマガーク効果のように視覚情報 (口の動き) が聴覚情報の処理 (音韻知覚) に干渉する現象はモジュールの存在を否定しているだろう. また人間は, ある領域で得た知識を, 異なる領域に適用して問題解決する, 類推という推論を行う. このような認知プロセスは, 領域を超えて情報を統合する柔軟なシステムが存在して可能となるのだが, これもまたモジュール性を否定する証拠だとされている. だがバレットらは, これらはいずれも進化心理学に対する誤解であり, 本来, モジュールという言葉を利用して進化心理学が提唱してきたのは, 機能的特化, あるいは**適応的特化** (adaptive specialization) だと主張するようになった[3,4,9].

　機能的特化とは, 特定の適応課題を解決するよう特化したシステムがあるとい

う意味である．さらにいえば，**領域固有性**（domain specificity）という進化心理学におけるもうひとつの重要概念は，機能的特化から必然的に生じるのだと論じられている[7]．つまり，モジュールの重要な性質だと考えられていたが，批判の対象となっていた遮蔽性や自動性という性質が削ぎ落とされたのである．たしかにこれならば批判の余地は残されていないようにみえる[3-5]．

　だが，複数の機能を達成しなければならないからといって，それぞれの機能に特化した複数のシステムが進化するとは限らないだろう．たとえば裏切り者を検知することが生存のために重要であるとしても，裏切り者検知という機能が特化したシステムによって担われている必要はなく，一般的な推論システムによって，裏切り者検知が実行されてもよいはずである．裏切り者検知が重要な適応課題であるとしても，なぜ抽象的文脈でウェイソン選択課題が正解しにくい必要があるのだろうか？　たとえばクラウス・ルフラー（Rueffler, C）らは，生物において機能的に特化したモジュール的なシステムが進化する条件を数理モデルで検討した[10]．そして個々のタスクを異なるシステムで分担したほうが，分化していない単一のシステムで担うより成績が向上する場合，あるいは複数の同じようなシステムが単一の課題を解決すると互いに干渉してしまい，成績が劣化するような場合などに，機能的に特化したシステムが進化することを見出した．つまり，生存のために解決すべき複数の適応課題が存在するとしても，それだけでは機能的に特化した複数のシステムが生じるとは限らない．もっと別の議論が必要とされるのである．

　複数の適応課題を解決するために，複数の機能が必要であることは間違いないだろう．また人間の心のなかに，領域固有的なサブシステムが存在することも間違いはないだろう．だが複数の適応課題を解決する必要があるとしても，それだけではどのようなモジュールが存在するのか，心がどのようなアーキテクチャーをもつシステムとして進化してきたのかまでは論じきれないはずである．

◉ 4.2　進化と合理性

　進化心理学が勃興したのとほぼ同じ時期に，認知科学者であるゲルト・ギゲレンツァー（Gigerenzer, G.）は進化心理学の影響を強く受け，進化的視点に立つ研究プログラムを導入した．これは**適応的道具箱**（adaptive toolbox）とよばれ，認知科学における合理性を巡る議論に大きな影響を与えた[11]．この議論は，進

化心理学におけるモジュール性とは直接関係しない場所で展開されていたが，これが認知科学にもたらした影響を見ていくと，進化心理学におけるモジュール性概念の将来を考える上で，興味深い論点が見えてくる．本節では，いったんモジュール性から離れて，認知科学における進化と合理性を巡る議論を概観したい．

a. 人間と合理性

心理学が登場するはるか以前から，人類は人間の理性について思索を積み重ねてきた．理性に従った推論，判断，意思決定は，矛盾なく一貫して最適な結果をもたらす．なによりも人類は，数学や論理学といった，理性の作用なくしては存在しえない知識体系を発展させてきた．人間が理性的な存在であるという考え，すなわち合理性という前提から人間の思考や認識について研究を出発させるのは自然な流れだった．

哲学や社会科学においては，合理性は形式論理学，確率論，期待効用理論として定式化されてきた．そして心理学者は，人間の推論，確率判断，意思決定について実験を行い，現実の人間は様々な点において，合理的な規範モデルから逸脱した振る舞いを示すことを示してきた．なかでも大きな影響を与えたのが，エイモス・トヴァスキー（Tversky, A.）とダニエル・カーネマン（Kahneman, D.）によるヒューリスティクスとバイアス・プログラムである[12]．一連の研究を通して，人間は非合理的で誤りばかり犯す愚かな存在だとの認識が，心理学を超えて社会科学全体に広がり，行動経済学の誕生へとつながった．

ここで「人間は非合理的な存在である」という見方に大きく反旗を翻すとともに，合理性という概念の有効性にチャレンジしたのがギゲレンツァーであった．

b. 限定合理性と生態学的合理性

彼はまず，社会科学において議論されてきた合理性とは「**制限のない合理性**（unbounded rationality）」であることを指摘した．たとえば意思決定における合理性を定式化した期待効用理論では，行為者が選択しうるすべての行動，行動から生起しうるすべての結果が明らかとなっていることが前提となっている．それらの情報を与えられたうえで，ある行動から得られる期待効用を最大化するように意思決定することが，合理的な行動だと定義されている．だが，現実の世界においては行為者がすべての情報（選択可能なすべての行動，行動を選択して生じうるすべての結果，それぞれの結果が生起する確率，結果が生起した際に得られ

る効用など）を認識していることなどありえないだろう．また，すべての情報が認識されたとしても，期待効用を最大化するための計算量は膨大であり，現実の人間には処理が不可能なレベルに達する．

ギゲレンツァーは，合理性がもつこうした特徴を**ラプラスの悪魔**（Laplace's Demon）になぞらえた．18 世紀の数学者ラプラス（Laplace, P.S.）は次のように唱えた．世界が決定論に従うのであるならば，ある瞬間において宇宙に存在するすべての原子の位置と運動量を知ることで，完璧に未来を予測できると．だが，すべてを認識しうる超越的な存在，すなわちラプラスの悪魔は，現実には存在しえない．ギゲレンツァーは，制限のない合理性とはラプラスの悪魔のような存在にしか達成できない基準であり，現実の人間の思考を記述するための理論としては不適格なのだと主張した．

ここでギゲレンツァーが提唱したのが，**限定合理性**（bounded rationality）という概念である．ノーベル賞経済学者であり認知科学の祖であるハーバート・サイモン（Simon, H.A.）が 1940 年代に提唱した概念だったが，ギゲレンツァーはここに，進化的な視点から新たな息吹を注ぎ込んだ．現実の人間の判断や意思決定のプロセスの研究から，人間は簡便な規則，すなわちヒューリスティクスを用いていることが知られている．ならば，合理性というラプラスの悪魔にしか処理できない非現実的な理論ではなく，現実の人間が使っているヒューリスティクスについての理論，すなわち限定合理性の研究を発展させるべきだと主張したのである[11]．

トヴァスキーとカーネマンもまた，人間はヒューリスティクスという簡便な規則を用いるからこそ，規範解から逸脱してしまうと論じている．たとえば代表性ヒューリスティック（観察された事例が母集団の典型的な事例である度合いが高いほど生起しやすいと判断する規則）を使うから，連言錯誤や基準確率の錯誤といったバイアスが生じると論じている．だがトヴァスキーらが提唱する様々なヒューリスティクスは，観察された実験結果を研究者が後付けで説明するための曖昧で厳密さに欠けた概念でしかないと，ギゲレンツァーは批判する．代わりに彼は，様々な**高速倹約ヒューリスティクス**（fast and frugal heuristics）を提唱した．トヴァスキーらが提案したヒューリスティクスと違い，高速倹約ヒューリスティクスはアルゴリズムとして厳密に定式化されているため，コンピュータ・シミュレーションによって性能を測定したり，実験データにモデルをフィッティングすることが可能となった[13]．こうして実証的に検証可能な限定合理性の研究が立

ち上がったのである[14].

　現実の人間は，限られた情報しか入手できない状況で，素早く判断や決定を下さなければならない．そのため現実の人間は，生存のために重要な課題において高い成績を達成するようにデザインされたヒューリスティクスを利用しているのだと，ギゲレンツァーは主張した．限られた情報しか利用できない簡便なヒューリスティクスが高い成績をあげられるのは，人間が生活する環境の統計的構造と適合するように，自然淘汰や学習，文化進化のプロセスを通してヒューリスティクスが形作られているからである．ヒューリスティクスがもつこうした特徴を，ギゲレンツァーは**生態学的合理性**（ecological rationality）と呼んだ．こうしてギゲレンツァーは，社会科学の歴史において重要な役割を果たしてきた合理性という概念に対して，進化適応という視点から新たな枠組みを導入し，数多くの実証データに基づく議論が活発に行われるようになったのである[15].

c.　機能とメカニズムの区別

　ギゲレンツァーの提唱した限定合理性，生態学的合理性，適応的ヒューリスティクスという概念が与えた影響を理解するためには，機能とメカニズムの区別を踏まえる必要がある．

　ティンバーゲン（Tinbergen, N.）の四つのなぜは，生物の行動を理解するための基本的な枠組みだが，そこで究極要因と至近要因の区別があったことを思い起こして欲しい．究極要因のひとつが機能，すなわち，行動が子孫を残すうえでどのように寄与しているかを問うことである．至近要因のひとつがメカニズムであり，行動を生み出す神経回路や脳などのメカニズムを問うことである．

　類似した区別は，認知科学や神経科学においても論じられてきた．デビッド・マー（Marr, D.）は，視覚のように複雑な情報処理システムを理解するためには，三つの異なるレベルから同時に理解をしていくことが重要だと指摘した．最も高次なのが計算論レベルであり，そのシステムがどのような計算をしており，計算によってどのような目的が達成されているかを理解することである．その次が表象とアルゴリズムのレベルであり，情報がどのような形式で表象され，またどのようなアルゴリズムで計算されているかを理解することである．最も低次なのはハードウェア実装のレベルで，その計算はどのような神経回路によって実装されているかを理解することである（第2章参照）．

　時計を例にして考えてみよう．時計の機能は，時の経過を計測することであ

る．だがその機能は，多様な表象とアルゴリズムで表現される．たとえば現代では時間を 12 進法で表現するが，フランス革命暦では 10 進法が用いられていた．こうした表象の違いは計算を担うアルゴリズムに制約を与える．たとえば 12 進法を用いた場合でも，時刻を 13:59 と表象するのと 1:59 pm と表象するのとでは，「11 時から 3 時間経過した後の時刻」を求める計算アルゴリズムは異なる[16]．時の計測という機能は，振り子やゼンマイ，クオーツなど多様なハードウェアによって実装されうる．また利用される表象とアルゴリズムによって，ハードウェアの細部も異なってくる．このように，機能，アルゴリズム，ハードウェアは相互に関連するので，時計というシステムについて十全に理解するには，すべてのレベルで理解していく必要がある．人間の合理性を論じる際にも，こうしたレベルの違いが重要な意味をもってくる．

d. メカニズムからみる合理性

基準確率の錯誤（base-rate fallacy）とよばれる現象がある．これはトヴァスキーとカーネマンによって見出された，人間の非合理性の例である．ある病気の検査を受けたところ，陽性（病気に罹患している）という結果が得られたと考えてほしい．この検査は精度が高く，本当に病気に罹患している場合には 90% の確率で陽性（罹患していない場合には 90% の確率で陰性）と診断される．ただこの病気は稀にしか発生せず人口の 0.1% が病気に罹患していることがわかっている．このとき，実際にあなたが病気に罹患している確率は何%だろうか？　この問に対し，ほとんどの回答者は「90% 程度の確率で病気に罹患している」と答えることが知られている．だが，論理的に正しい答え（ベイズ推定の公式で求められる）は約 0.89% なのである．この病気は稀だ，という基準確率情報を，無視することから生じる非合理的な錯誤だと考えられている．

　だがこの問題を次のように言い換えると，多くの回答者が正答を導けることが知られている[17]．

> 「1 万人のうち 10 人がある病気に罹患している．検査を受けると罹患している 10 人のうち 9 人は正しく陽性と判断されるが，1 人は陰性と判断される．一方，罹患していない 9990 人が検査を受けると，999 人は誤って陽性と判断される．検査結果が陽性だったとき，実際に罹患している確率は？」

このように，情報が確率（小数点を含む数値）ではなく頻度で表現されると，「陽性と判断される 9 + 999 人のうち，実際に罹患しているのは 9 人しかいない」こ

とが直感的に理解できる.

頻度表現の方が計算しやすいから,正答を導けることなど当たり前だと思うかもしれない.だがこれこそ,表象とアルゴリズムのレベルが重要であることを意味している.事象の生起しやすさが確率という(小数点を含む)数値で表現されるようになったのは,17世紀にパスカルとフェルマーが確率論を生み出してからである.現代の数学教育を受けた人間ならば,確率を使った計算のアルゴリズムを知っているので,紙とペンがあればなんとか正答を導くこともできるだろう.だが人類の歴史を振り返れば,事象の生起回数を頻度として記憶し,推論や意思決定することがほとんどだった.進化という観点からみれば,確率という歴史的に新しく,ゆえに処理しにくい形式で表象された問題を与えられて,直感的に正答が導けないからといって,人間は非合理的だと結論づけることは難しいはずである.

次の例をみてみよう.人間の意思決定に関する実験ではしばしば,「90%の確率で1万円,10%の確率で何も得られない選択肢Aがある」といった具合に,利得や確率を数値で表現した問題を参加者に提示し,意思決定をさせる.だが人類の歴史において,結果と確率が提示されたうえで意思決定をする状況は,どれほど一般的であっただろうか.たとえば「この森に狩りに行けば,90%の確率でウサギが得られます」という情報が,森の入り口に張り出されており,それを見て意思決定をできる状況などまずありえないだろう.繰り返し同じ行動を選択し(何度も森に行き),そこから生じる結果や頻度を学習していくことの方が自然だったであろう.記述された情報に基づく意思決定と,実際に経験して得られた情報に基づく意思決定とでは,情報は異なる表象で記憶されるし,意思決定のアルゴリズムも大きく異なる.たとえば人間は,前者の状況では稀にしか生じない事象を過大に評価するバイアスを示すのに対し,後者の状況では逆方向のバイアスを示す(過小評価する)ことが知られている[18].

ちなみにトヴァスキーとカーネマンの**プロスペクト理論**(prospect theory)は,前者のバイアスを説明するために構築されているが,それでは後者のバイアスの存在や,状況によって異なる方向のバイアスが生じることを説明できない.プロスペクト理論は実験結果を記述できるように期待効用理論を修正して作られたものであり,アルゴリズムのレベルの理論ではないからである.実際に経験して情報が得られる状況は,人間だけでなく動物も直面しており,強化学習という共通のアルゴリズムに担われているだろう.一方,記述された情報に基づく意思

決定は，**プライオリティ・ヒューリスティック**（priority heuristic）に担われおり，プロスペクト理論よりも正確に人間の行動を予測できることがわかっている[19]．

　人間の認知システムは，普段生活している環境，進化的適応環境に適応するよう形作られている．人工的な実験室環境において，慣れない形式で情報が表現された問題で観察された行動から理論を作っても，その理論は限定された範囲にしか適用できないだろう．

e.　合理性の再興

　経済学者が期待効用理論によって人間の行動をモデル化するとき，実際に人間が心のなかで理論どおりに効用最大化の計算をしていることは想定されていない．つまり合理性とはあくまでも計算論レベルの記述であり，そもそもアルゴリズムやハードウェアについての記述ではない．実際には全く異なるプロセスやアルゴリズムによって意思決定をしているはずだが，あたかも期待効用の最大化をしているかのように意思決定しているとみなしているに過ぎないのである．だが制限されない合理性を実現するためには，現実の人間には不可能な情報処理が必要となる．ゆえに，人間の心を記述するには不適切であり，アルゴリズムのレベルで新たな合理性概念を構築すべきだというのが，ギゲレンツァーの主張である．そのためギゲレンツァー自身は，そもそも計算論レベルの議論そのものが不要だとすら主張している[20]．

　この主張については賛否が分かれるとしても，現実の世界に位置づけて人間の合理性を評価しなければならないという点においては，次のような事例もある．

　フレーミング効果は，人間の意思決定にみられる非合理性である．たとえば実験参加者に提示される選択肢が「（600人のうち）400人が死ぬ治療法」と記述された場合と，「（600人のうち）200人が生き延びる治療法」と記述された場合では，参加者の意思決定が大きく変わる現象である．論理的には同じ選択肢であるはずなのに，些細な表現（フレーム）の違いに反応して異なる参照点（ある状態が損失と獲得のいずれであるかを評価するための基準となる状態）を設定してしまうからだと説明されてきた．だがコミュニケーションという文脈においては，こうした些細な表現の違いから話者の隠れた意図を探ることが当たり前である．たとえば「200人が生き延びる治療法」という表現が選ばれる場合，話者は「もっと悪い状態が参照点である」と認識していることだろう．逆に「もっと良い状態

が参照点だ」と認識されているならば，話し手は「400 人が死ぬ治療法」という表現を選びやすいだろう．実際ここで示したように，話者は自身が認識する参照点に応じて，異なる表現を選ぶことが知られている．つまり聞き手である実験参加者は，参照点に関する話者の認識を文章表現から正しく推測しているといえる[21]．研究者は「両者は論理的に等価であり，異なる参照点など含意されていないはずだ」と思うかもしれない．だが現実のコミュニケーションの場においては，人間は様々な制約のなかで効率的に情報を伝達している．その文脈においては，フレーミング効果を示す人間は合理的な推論者なのである．

　「人間は非合理的な存在だ」という主張は，理論的に設定された合理性の基準から人間の行動が逸脱していることによって立証される．だがそもそも研究者の設定する合理性の基準が不適切であるのならば，人間が非合理的だという結論も崩れる．1980 年代以降，トヴァスキーとカーネマンのヒューリスティクスとバイアス・プログラムが引き金となって，人間は非合理的な存在であるとの認識が広まっていたが，ギゲレンツァーによって進化的視点が導入されてからは，認知科学におけるベイズ的アプローチ[22,23]や合理性分析[24]のように，むしろ人間の認知の合理性に注目が高まり続けている[25,26]．

　もちろんこれらは，ギゲレンツァーが批判している計算論レベルでの議論であり，アルゴリズムやハードウェアのレベルの議論ではない．だが，人間の心が適応している環境構造や課題の性質を織り込み，合理性概念を洗練させることで，現実の人間の判断や推論を，ベイズ的な合理性のモデルによってより良く記述できるようになったのである．

◉ 4.3 モジュール性から階層性へ

　ここまでみてきたように，合理性を巡る議論においては，機能とメカニズムを区別したうえで，両者の相互関係を考えることが重要な役割を果たしていた．近年は進化心理学においても，同様の方向で議論が展開されつつある．

　バレットやコスミデスらメインストリームの進化心理学者は，モジュールという用語の代わりに，機能的特化という用語によって，心がもつ領域固有的な性質を論じるようになってきた[7]．これは機能のレベルの概念なのだが，さらにバレットは脳というハードウェアのレベルにおいて，領域固有的な機能がどのように実装されているのかを論じている[27]．**変化を伴う継承**（descent with modifications）を通して祖先から進化してきた生物の脳は，階層的構造と可塑性をもつように進化したはずだと指摘したうえで，バレットは階層構造をキーワードとして，領域固有性と領域一般性という二分法が抱える問題や，脳構造におけるモジュール性と機能的特化の関係などについて論じている．

　近年神経科学の分野では，進化的な視点からある理論が提唱され，大きな注目を集めている．フリストン（Friston, K.）によって提唱された自由エネルギー原理とよばれる理論体系である[28]（詳しくは第3章参照）．環境に適応して進化した生物は，外界を観察してその状態を予測し，適応的に行動を選択する．このときの脳の振る舞いは，自由エネルギーの最小化として表現できるという．これは実際に脳が行っている処理ではなく，あくまでも脳の振る舞いを表現する抽象的な原理なのだが，この自由エネルギーの最小化という数式を様々に展開すると，知覚から推論，運動制御，学習，洞察，意思決定，マインド・リーディング[29]といった多様な脳の機能を説明できるとされている[30]．

　自由エネルギー原理が興味深いのは，この抽象的な情報計算が，脳のハードウェア（神経回路）にどのように実装されているかまで説明されていることにある．視覚野に代表されるように脳の皮質は階層構造をもっていることが知られているが，自由エネルギーの最小化は，脳の皮質で下層から上層へ計算結果を伝えながら予測誤差を最小化していくプロセスとして実装されているという．生物が環境へ適応するためには脳の階層性が必要であり，自然淘汰によって進化した生物の脳は階層構造を持っていなければならないことが，自由エネルギー原理から説明されるのである[31]．

　さらに興味深いのは，自由エネルギー原理は，別の見方をすれば脳がベイズ推論を行っていること，つまりベイズ的な合理性をもつことを意味する．実は認知科学におけるベイズ的アプローチにおいても，進化や適応の産物として人間の認知はベイズ的な合理性をもつはずだと議論されている．ここでも進化という原理が背景となっているのである．

　自由エネルギー原理に関する議論は，物理学や統計学の高度な数理モデルに支えられており，進化心理学からは，遠く離れた場所で展開されている．また認知科学におけるベイズ的アプローチも，計算論モデルという数理に依拠しているためか，進化心理学に関心をもつ人々の目には触れにくい場所で研究が展開されている．だがいずれも，進化心理学が導入した枠組み，すなわち人間の脳や心は進化の産物として環境に適応するよう形作られているという視点から発生してき

た．進化心理学が先へ進むためには，機能のレベルからアルゴリズム，さらにハードウェアのレベルにまで降りていき，ここで紹介したような研究と向き合うべきときがくるのではないだろうか．

進化心理学が勃興期に提唱し，一世を風靡した心のモジュール性という概念，そしてスイスアーミーナイフのメタファーは，批判を招いたが同時に進化心理学に対する注目を集めるうえで，大きく貢献していた．バレットが脳というハードウェアのレベルから，機能的特化やモジュール性という進化心理学の核となる概念について考察したように[27]，自由エネルギー原理の研究成果を進化心理学と接合しようとする試みも生まれつつある[32]．これらの異なる動きが大きな流れとなり，新しい世代の進化心理学が誕生することが期待される．

■文　献

1) Cosmides, L. (1989). The logic of social exchange: Has natural selection shaped how humans reason? Studies with the Wason selection task. *Cognition,* **31,** 187-276.

2) Fodor, J.A. (1983). *Modularity of Mind: An Essay on Faculty Psychology.* MIT Press.

3) 中尾央 (2009a). 心的モジュールの発生と発達 ―自然主義的科学哲学の立場から―. 心理学評論, **52,** 152-161.

4) 中尾央 (2009b). 心のモジュール説の新展開―その分析と二重継承説との両立可能性―. 科学哲学科学史研究, **3,** 21-37.

5) 中尾央 (2013). 進化心理学の擁護―批判の論駁を通じて. 科学哲学, **46,** 1-16.

6) Pietraszewski, D., & Wertz, A.E. (2022). Why evolutionary psychology should abandon modularity. *Perspect Psychol Sci,* **17,** 465-490.

7) Barrett, H.C., & Kurzban, R. (2006). Modularity in cognition: Framing the debate. *Psychol Rev,* **113,** 628-647.

8) Cosmides, L., & Tooby, J. (2013). Evolutionary psychology: New perspectives on cognition and motivation. *Annu Rev Psychol,* **64,** 201-229.

9) Cosmides, L., Barrett, H.C., & Tooby, J. (2010). Adaptive specializations, social exchange, and the evolution of human intelligence. *Proc National Acad Sci,* **107,** 9007-9014.

10) Rueffler, C., Hermisson, J., & Wagner, G.P. (2012). Evolution of functional specialization and division of labor. *Proc National Acad Sci,* **109,** E326-E335.

11) Gigerenzer, G., Todd, P.M., & The ABC Research Group (1999). *Simple Heuristics That Make Us Smart.* Oxford University Press.

12) Tversky, A. & Kahneman, D. (1974). Judgment under uncertainty: Heuristics and biases. *Science,* **185,** 1124-1131.

13) Krefeld-Schwalb, A., et al. (2019). Empirical comparison of the adjustable spanner and the adaptive toolbox models of choice. *J Exp Psychol Learn Mem Cognition,* **45,** 1151-1165.

14) Gigerenzer, G., Herwig, R., & Pachur, T. (2015). *Heuristics: The Foundations of Adaptive Behavior*. Oxford University Press.

15) 中村國則 (2004). 高速倹約ヒューリスティクスの心理学的妥当性をめぐる実証的・概念的議論の動向. 心理学評論, **47**, 453-477.

16) Schooler, L. (2001). Rational theory of cognition in psychology. In Smelser, N.J., & Baltes, P. B. (Eds.), *International Encyclopedia of the Social & Behavioral Sciences* (pp. 12771-12775). Pergamon.

17) Gigerenzer, G., & Hoffrage, U. (1995). How to improve Bayesian reasoning without instruction: Frequency formats. *Psychol Review*, **102**, 684-704.

18) Hertwig, R., et al. (2004). Decisions from experience and the effect of rare events in risky choice. *Psychol Sci*, **15**, 534-539.

19) Brandstätter, E., Gigerenzer, G. & Hertwig, R. (2006). The priority heuristic: Making choices without trade-offs. *Psychol Rev*, **113**, 409-432.

20) Gigerenzer, G. (2020). How to explain behavior? *Top Cogn Sci*, **12**, 1363-1381.

21) McKenzie, C.R.M. & Nelson, J.D. (2003) What a speaker's choice of frame reveals: Reference points, frame selection, and framing effects. *Psychon Bull Rev*, **10**, 596-602.

22) Oaksford, M., & Chater, N. (2007). *Bayesian Rationality: The Probabilistic Approach to Human Reasoning*. Oxford University Press.

23) Tenenbaum, J.B., et al. (2011). How to grow a mind: Statistics, structure, and abstraction. *Science*, **331**, 1279-1285.

24) Anderson, J.R. (1990). *The Adaptive Character of Thought*. Psychology Press.

25) 中村國則 (2018). 高次認知研究におけるベイズ的アプローチ. 心理学評論, **61**, 67-85.

26) 中村國則・斎藤元幸 (2022). 合理性の地図：歴史的・理論的観点からの考察. 認知科学, **29**, 446-460.

27) Barrett, H.C. (2015). A hierarchical model of the evolution of human brain specializations. *Proc National Acad Sci*, **109**, 10733-10740.

28) Friston, K. (2009). The free-energy principle: A rough guide to the brain? *Trends Cogn Sci*, **13**, 293-301.

29) Veissière, S.P.L., et al. (2019). Thinking through other minds: A variational approach to cognition and culture. *Behav Brain Sci*, **43**, e90.

30) 乾敏郎 (2019). 自由エネルギー原理—環境との相即不離の主観理論—. 認知科学, **26**, 366-386.

31) Pezzulo, G., Parr, T., & Friston, K. (2022). The evolution of brain architectures for predictive coding and active inference. *Phil Trans R Soc B*, **377**, 20200531.

32) Badcock, P.B., Friston, K.J., & Ramstead, M.J.D. (2019). The hierarchically mechanistic mind: A free-energy formulation of the human psyche. *Phys Life Rev*, **31**, 104-121.

Chapter 5
進化心理学と性

坂口菊恵

性に関して生物学的な説明を加えようとする試みは，既存の性役割ヒエラルキーを固定しようとする言説によって用いられることが目立つために，それ自体が人道的に問題がある試みであるかのように受け取られることが少なくない．しかしながら，しくみや傾向を明らかにしようとする際には，ものごとのカテゴリー化と定義づけは不可欠である．生物学的な適応を前提とした議論では，性差が生じる原因を他の生物との比較や生理的なメカニズムを用いながら明らかにすることで，差が小さくなったり逆転したりする際には何が起こっているかを検討する道筋が与えられてきた．さらに近年では，性を雌雄として二分することや異性愛を前提とした理論構成に対する見直しも行われ，文化的な規定因との相互作用を含めてモデル化する道筋ができつつある．

ヒトの行動パターンを進化生物学の延長線上で説明しようとする試みはこれまで何度も社会的，学問的な抵抗にさらされてきた[1]．なかでも性を通じた繁殖の成功は有性生殖する生物の進化の要とされ，性にまつわる心理や行動を理解するうえで大きなインスピレーションを与えてきた．一方で進化心理学を含む生物学の知見を用いた性差研究は，近年ふたたび分野内外からの厳しい批判の標的となっている[2,3]．ここでは社会生物学の派生物としての進化心理学に内在する方法論的な問題点を指摘し，進化心理学が生き残るためには，

① 至近要因・発達要因を考慮することにより，進化のロジックを用いる範囲を適切な粒度（問題設定の細かさ）に設定すること[4]．
② 研究計画に含められる観測可能なパラメータは，真の説明変数のうちごく一部にしかすぎないことに留意すること．
③ 文化や個体の多様性を考慮し，現代科学が背景とする事実認識カテゴリーもひとつの文化的バイアスの帰結であることを意識すること[5]．

を提案したい．

● 5.1 環境影響偏重へのアンチテーゼとしての性差研究

　子どもが生まれるとまっさきにたずねられるのがしばしばその子が「男か」「女か」であるように，性役割にまつわる期待やセクシュアリティはヒトのアイデンティティーの中核に影響し，周囲の強い関心をひくトピックでもある．多くの人は生活経験に基づく一家言をもっているし，知りえた動物の生態をもとに自らの主張を補強しようとすることも日常的に行われている．

　性のあり方に対する「遺伝か環境か」議論の現在につながる発端は，進化心理学が誕生する半世紀以上前，1920 年頃にさかのぼる．フランシス・ゴールトン（Galton, F.）を発端とした優生学の「遺伝決定論」に危機感をいだいた人類学者フランツ・ボアズ（Boaz, F.）は，人間行動の規定因として文化的要因を上位におき，生物学的なバックグラウンドに関する議論を切り離そうとした．文化相対主義の幕開けである．彼の著名な弟子であるマーガレット・ミード（Mead, M.）は南太平洋のサモアなどでのフィールドワークをもとに，男女の性役割や行動特性が固定したものではないと主張し，世界に大きな影響を与えた[6]．しかしながら，サモアでは若い女性に対して性的な抑圧が存在しない，思春期における反抗や犯罪率の上昇は見られないとする報告には過大解釈が含まれており，定量的な根拠を欠いていた．批判者による分析では，サモアにおいても英国においても人が犯罪に最初に手を染めるのは 10 代後半に集中しており，また男女比はほぼ 5対 1 であった[7]．

　この報告は，殺人者の年齢と性の分布は文化間で非常に似通っていて，殺人者は主として男性であり，10 代後半から 20 代前半にピークがくること，および殺人率の高さは社会における経済的な不平等度や，男性の期待できる寿命が短いことによって予測されることを示したマーティン・デイリー（Daly, M.）とマーゴ・ウィルソン（Wilson, M.）の著名な進化心理学の研究成果[8-10]を彷彿とさせる．殺人という平時においては異常な行動の原因は，生育環境の不全や精神疾患といった個人の問題に帰着されやすい．それに対して彼らの研究は「男性である」「生殖機会を得るための競争が激しい」「教育などの長期的な投資によって繁殖成功度を高めることが難しい」という状況下で繁殖成功度を高めようとすることが究極要因であるととらえ，おかれた社会環境の違いに対する適応も見事に描き出した（第 14 章も参照）．

もちろん，平常時において殺人は非常に稀であり，特定の人が殺人を実際に犯すかどうかに対しては影響を与える要因が数多く存在するだろう．しかしながら，国単位で何年にもわたったデータを集積するならば，そうした極端な行動につながりやすいマクロな属性のパターンが浮かび上がってくる．さらにそれは進化適応のロジックをヒト以外の生物に当てはめた場合のパターン（行動生態学の守備範囲）から予測することができた．

◉ 5.2 進化心理学はどのような現象をうまく説明したか

「遺伝子の効率のよい拡散」を進化適応の中心に据える考え方は，性行動や性に付随するその他の性質や意思決定の傾向を明るみに出すのに特に有効であった．たとえば，どのような人物が身体的に魅力的であると判断されるかについての心理学的研究は，他者に対する価値判断が外見に左右されているという事実を認めるのは不快であるから直視を避けようとする風潮によって，長く取り組まれてこなかった．しかし，魅力の判断には性や生殖に関する利害関係が深く影響していることを指摘することで，女性は健康で若く生殖能力が高そうに見えることが魅力の要因として中心的であること[11,12]，男性における「男らしさ」は必ずしも魅力と結びつかず，環境や社会的文脈に影響されること[13]が示された．

　今から考えると，人のもっているステレオタイプにもっともらしい生物学的な説明を与えたものにすぎないように見えるかもしれないが，一連の学術的調査が行われる以前には，このような傾向の具体的な様相は明らかにされておらず，整理する手がかりがなかった．生殖にまつわる適応という視点を持ち込むことで，それをもたらしている至近的なプロセスについてはとりあえず不問にして，ヒトの認知のおおまかなパターンを予測することが容易になったのである．

　人間社会における暴力や女性に対する不利な扱い，あるいは恋愛や結婚のあり方についても，西洋を中心とする特定の文化の影響に原因を帰して論じられるのが従来の人文社会系の一般的アプローチであり，通文化的な特徴の抽出には弱かった．これに対して進化適応論に基づく人類学者や心理学者は，共通する人間性のあり方や生理反応が社会生活上の行動傾向を生じさせることを前提としており，文化比較や種間比較からグローバルなパターンを読みだした．

　1960〜80年代に活躍した著名な人類学者／霊長類学者には女性が多く，従来の男性中心主義的な生物観や人間理解を覆していく知見を積み重ねていた[14]．

それまでの男女の協調した予定調和的な性のヒエラルキーや家族観に対して，ヒト以外の生物でも雌雄間・親子間の利害関係の対立は広く見られ，子殺しや性暴力もみられるという報告は新鮮な驚きをもって迎えられた[15,16)]．さらに，一夫一妻にみえる生物もペア外交尾を広く行っていることが知られるようになった．こうした知見をベースにして進化心理学分野では，ヒトにおいても安定したパートナー以外との性行動がどのような動機で行われるのか，特に女性に焦点を当てた研究が盛んに行われた[17)]．

◉ 5.3　性淘汰理論から親の投資理論へ

　雌雄の形質やパワーバランスの非対称性の議論のもととなったのは，ロバート・トリヴァース（Trivers, R.L.）の**親の投資理論**[18)]であり，さらにさかのぼるとダーウィンの性淘汰理論を実証しようとしたアンガス・ベイトマン（Bateman, A.J.）[19)]による，ショウジョウバエの繁殖成功度の偏りおよび性に対する積極性が，雌雄で異なっているという観察である．すなわち，雌雄がともに子を残すときに，現在の子にどれだけ投資（栄養分のみならず時間や子の養育にかけるコストを含む，あらゆる資源を含むことがポイントである）をしようとするかに雌雄で非対称性がある場合，投資コストをたくさんかける側の性（多くの種ではメスである）は，かけない側の性にとって貴重な繁殖資源となる．そのため，かけない側の性どうしはかける側の性へのアクセスをめぐって争いを繰り広げる．子に対する投資量の雌雄差が大きいほど争いはエスカレートするから，争う側の性における繁殖に役立つ特徴や，性行動に対する積極性もエスカレートするはずである．

　すなわち，一夫一妻の生物では雌雄の特徴は似通っているが，一方の性のみが子育てをするような種では体格や装飾や攻撃性で性差が大きくなることを示唆しており，繁殖機会をめぐって個体間の社会的相互作用が存在するような系統の生物での，性差の現れの強さや方向性をよく説明することができた．しかしながら，繁殖成功度の個体差と身体・行動の特徴，それらを生じさせる生理的なメカニズム，という三者間の関係性を検証しようという段になると，ヒト以外の生物を対象とした場合でも苦戦するケースが多かった．ひとつの行動もしくは身体的特徴（たとえば体色の鮮やかさ）をとっても，かかわっている要因は非常にたくさんあり，メンデルの豆の皮の遺伝のように単純には説明できない．さらに，ひ

とつの種でうまく説明が当てはまったとしても，同じ理屈が他の種にも通用するとは限らない．同じ種の同じ集団であっても，年度によって選択される形質が異なっていたという報告もある．

◉ 5.4 ホルモン研究の沼

　同様の問題は，行動生態学の知見をヒトの日常の行動の説明に演繹しようとした進化心理学にもつきまとった．

　性行動や性差にまつわるトピックは，他の社会的意思決定のプロセスと比較すると，性ホルモンや遺伝など生理的指標との対応付けの知見が既に存在したため，生物学的な根拠を主張するうえで有利だった．研究者の関心は，「ヒトの行動の基盤には共通の生物学的傾向があるため，人類普遍的な傾向が実在する（すなわち，人類普遍的な『性差』が存在する）」ことを文化相対主義的な人間観に対抗して主張していた当初の目標から，男性ホルモンや女性ホルモン，あるいは免疫の強さにかかわると考えられる指標を用いて，得意とする認知領域や魅力，配偶相手の選択基準の個人差を説明しようという方向性にシフトしていた．

　たとえば，「男性性の強い男性」をめぐる性行動にかかわる戦略を検証しようとして，唾液中の男性ホルモン濃度や，性ホルモンの働きの強さを示す代替指標とされる，顔の男性的な特徴や，手指の長さ比（人差し指／薬指の値が小さいほど男性性が高いとされる）といった身体的な特徴が調べられた．しかし，統計的に見出される男女の特徴の性差が個人の能力を予測するのにはあまり役立たないように，男性的な特徴と男性ホルモン濃度との関係も簡単に対応付けられるものではない．通常範囲の男性ホルモン産生機能をもつ男性間の比較では，男性ホルモン濃度と性機能や攻撃性といった，いわゆる男性ホルモン依存形質の個人差との対応を確認することすら容易ではないからである[20]．さらに，ホルモンが認知に及ぼす影響の分析には詳細な神経学的評価や遺伝学的作用経路の検討が必要であり，そうした研究は現在やっと進みつつあるところである．

◉ 5.5 進化心理学は神経科学に包摂されるか

　ヒトの心理現象が神経科学的，すなわち生物学的基盤に依拠していること，および進化的淘汰圧の影響を受けてきたことは今や自明であると筆者は考える．そ

して，生物としての発生と発達が膨大な遺伝的素因と，社会環境を含む外部要因との相互作用のもとに生じていることも疑いがない．こうした状況下で適応論を研究パラダイムとして利用し続けるには，マクロな社会的傾向の議論に立ち返って個人の意思決定の推測に用いることはあきらめるか，最新の神経科学の細かな議論にキャッチアップしたうえで，そのなかで個別の神経発達や進化に関する仮説を検証するかの，二つの方向性が考えられるだろう．

　過去にはヒトの認知や意思決定にかかわる神経メカニズムを検討する手段が限られており，経験的・統計的に知られている性差の特性をスタート地点として進化適応の仮説を立てざるをえなかった．しかしながら，性染色体異数性（XX やXY 以外の核型をもつケースであり，一部は非典型的性分化の特徴を示す）や様々な内分泌疾患の症例，遺伝子操作した動物モデルを用いた実験により，性差の発達に対する遺伝子とホルモンと環境の影響が精査され，代表的な「男性優位の認知特性（メンタル・ローテーションなど空間認知能力の高さ）」「女性優位の認知特性（言語の流暢性）」に対しても，性ホルモンが及ぼす影響は過去に想定されていたほど単純ではないことが明らかになりつつある．

　性ホルモン，特に女性ホルモンは神経の形成や活性化に広範な影響を及ぼしており，また生体内におけるホルモン作用は複数の物質や臓器間の相互フィードバックのもとで，数多くの遺伝子がかかわっている．そして，各認知処理を担う脳内領野の構成も，過去に想定されていたように固定したものではない．進化適応に重要な役割を果たす認知課題（たとえば言語獲得，心的空間地図，共感性，配偶関係）に対して，それぞれ処理を行う脳領野が種特異的に標準的には決まっている．しかし，定型的な発達をしなかったり（たとえば視覚のインプットの不在，脳領野の一部の欠損），生育環境がその種にとって標準的なものからかけ離れていたりするならば，他の認知処理に割り当てられるはずであった領野を動員して，その個体の生存に適切なように調整が行われる．一見まったく異なる処理をしているようにみえる領野間でも，情報入力に対して学習を成立させ，神経構造をつくっていくアルゴリズムは同一であり，領野ごとに異なる処理形態は，入力された感覚情報の性質の違いによってつくられるものであるとも指摘されている（スパースコーディング／たった一つの学習理論[21]）．

　すなわち，進化適応に関する理論を構築しようとするならば，神経形成や認知処理のどのレベルにおける適応に言及しているのか，環境要因の影響や個人差にこれまで以上に注意を払いつつ議論しなければならないだろう．

◉ 5.6 異性愛を前提とした理論の普遍性・妥当性に対する疑念

とはいえ，なぜヒトが年頃になると特定の相手に性的関心をいだくようになるか，といった話題はやはり行動生態学やそれから派生した進化心理学の得意分野であり，生物学的な適応を前提とした作業仮説抜きでは体系だった理論化がしづらいのも事実である．

遺伝子の拡散を進化の推進力の中心として位置づける適応論者にとって説明が難しいことの筆頭は，同性愛の存在と，豊かな社会における少子化の進行であった．従来の行動生態学的前提では，生殖に直接結びつかない生体上の資源は節約されると考えられていた．一夫一妻の種で観察されるペアの交尾頻度はとても少なく（例：シロテテナガザル），受胎を成立させた後は子の養育モードに入り交尾を控え（例：プレーリーハタネズミ），季節性繁殖の種では非繁殖シーズンにはオスの精巣は退縮し男性ホルモンの有害な作用から生体を守る．乱婚やペア外交尾を特にメスが主導する場合には，その進化適応的意義が必死に探された．また，ヒトをはじめとする有性生殖の種では，性は基本的にオスとメスの二つであることを前提として理論が組み立てられた．同性間の性行動についてはかなり以前から存在は気づかれていたにもかかわらず[22]，例外的である，もしくは「進化適応の副産物」であるという扱いであった．

しかし，過去の生物学及び社会学においてオス─男性側の視点からしか理論構築がされず，一面的な理解に都合のよい結論のみが導かれたように，ヒトにおいて性別が二つで，性行動は異性と行われるのが普遍的であるとする前提がそもそも妥当であるか問い直すべき時期にきているのではないだろうか．近年では有性生殖を行う生物の広い系で同性間性行動がみられることが明らかになり，有性生殖を行う生物がもともと同性間性行動を避けるという適応をもっていたかどうかも疑問視されるようになった．異性間の性行動への選択性は，その後同性間性行動が特に生殖上コストであるような系統であらためて生じたとも考えられる[23]．ハンドウイルカのオスやボノボのメスで詳しく検討されてきたように，普段雌雄がペアで生活することのない種において，同性間の性行動は個体間の結びつきを確立し生存率を高める重要な役割をもっているとされる．霊長類を対象とした系統解析では，フェロモンの知覚により同性間の性行動が抑制され稀にしか見られない原猿類に対し，ヒトを含めた類人猿・旧世界ザルの系統は同性間の

性行動を日常的に行うように進化したとされる[24].

◉ 5.7　文化規範がジェンダーと性行動との結びつきを決める

　それではなぜ，近代以降の社会で性行動は異性間で行われることが標準的とされ，各文化において数％存在する「同性愛者」の生理的基盤を探る一連の研究が成立しえたのだろうか．南太平洋の伝統社会における若者の参入儀礼，古代ギリシアから日本の戦国時代，寺院の稚児文化に見られるように，特に男性同性間の性を介した結びつきに重要な社会的意味が与えられる伝統が存在してきた[25]．一方で同性間性行動に対する迫害も，おそらく近接文化圏との差別化の役割をもちながら幾度かにわたり出現した[26]．近代ヨーロッパでの同性間性行動に対する迫害下では，同性間性行動は非典型的ジェンダー・アイデンティティとの結びつきを強め，厳しい状況下であっても「安定して同性を性的対象として指向する人」という行動特性カテゴリーの発見につながったと考えられる．同性間性行動が常態の社会の下では，「同性愛者」という定義は意味をなさないからである．

　さらに非典型的ジェンダー・アイデンティティをもつ者のなかで，同性愛的性的指向を性自認や性表現といった特性と区別して論じる素地ができ，その後，セクシュアリティ＝生物学的な性，ジェンダー＝社会的な性，という二分法的なイメージが浸透した．生物学的な背景を論じる際には主に性的指向といった，性行動の側面に関心が寄せられるようになった．

　実際のところ，脳の性分化の要とされる胎児期の性ホルモン濃度の影響は，子どもの頃のジェンダー関連行動によくあらわれ，また，生後非侵襲的に取得できる指標の中で成長後の同性愛傾向を最もよく予測するのは，子どもの頃の非典型的ジェンダー関連行動である．近年の神経科学・心理学的研究の成果からも，非異性愛的指向（セクシュアリティの分類）と性別違和（ジェンダーの分類）それぞれと関連する指標は，これまで想定されてきたよりも互いに類似していることが指摘されており，性役割の社会的なカテゴリーが性行動の取り方に影響を及ぼす経路の存在を示唆している．

　すなわち，生物学的な影響を多く反映し，繁殖成功度への影響が大きいと考えられる同性間性行動に関しても，その発現の様相および行動分類の定義自体が文化的コンテクストに依存している．

● 5.8 性淘汰理論の死？

同性間性行動や，生殖以外を目的とした性行動が広く行われていることを認めることは，性淘汰理論の根底をゆるがす．進化生物学者でトランスジェンダーであるジョーン・ラフガーデン（Roughgarden, J.）は，性の二元論を根底とする性淘汰理論から派生したほとんどの研究の妥当性を批判している[5]．

筆者は性淘汰理論そのものを棄却しようとする方向性は極端であると考えるものの，性行動の直接的な上位目標が常に生殖を通じた遺伝子拡散であるはずだという前提は一面的であり，文化規範のバイアスを多分に反映しているという意見に同意する．特にヒトの行動を説明しようとする際に，子どもを作れないこと，相手に重い障害があることなどを織り込み済みで結婚の選択をする人は数多く存在し，そうした意思決定に対していちいち「進化適応の副産物」であるなどという説明を加えようとすることは滑稽である．

また，閉経後の女性が性行動や恋愛を指向することに関して，なぜそのように生殖上無駄なことが生じるか，特異な現象として学問的議論の俎上に載せるということは，現代の欧米における社会的価値観上は考えられない．すなわち，何を問題設定に値すると考えるかは，当然ながら文化的価値観に深く依拠している．なお，性行動に対する積極性の性差理論の実証的根拠とされ，トリヴァースの「親の投資理論」成立に多大な影響を与えたベイトマンによるショウジョウバエの繁殖成功度偏りの研究も，現代的な研究手法のもとでは追認できなかったとされていることを指摘しておく[27]．

男女が配偶行動の際に相手に求める要素に関しても，男性にとって子の父性の確実性を高めるために貞節な女性が好まれるとされてきたが，これは家族単位で相続する地位や財産に大きな意味があり，女性に対する生殖統制を効かせることに適応的な意義がある社会でしか通用しないだろう．母系社会における通い婚や分割父性（妊娠中の女性がパートナー以外の男性と積極的に性交の機会を持つ慣習）など前提に合わないケースの存在を知ってはいても，研究する当事者たちにとって常識的な生活環境において理解しがたい事例については，理論構築の際に埒外に捨て置かれがちである．進化適応的な利害関係を判断する感情・動機づけの心理メカニズムが成立する際に，「子を養育する責任を社会の中で誰が負うとされているか（"親の投資理論"において性差を生じさせるとされる，中心的な

ファクター）」を含めて，生育環境下での学習が大きな影響をもたらしていることは想像に難くない．

◉ 5.9　自由意志は存在するか？

　進化の（直接的な）制約をこえた自由意志は存在しうるのか，もしくは繁殖成功度の最大化に資することのなさそうな利他行動や個人間の結びつきは，進化適応の副産物もしくは誤作動の一種として回収されるのだろうか．性行動の主要な役割として，「個体間の結びつきをつくる」という要素を想定するのがまず考えられる解である．禅などの宗教実践や，LSDといった薬物の助けを借りた意識変容実験で確認されるように，人間の意識レベルには複数の段階があり，個としての身体的制約から比較的自由で高度な共感性を示しうる状態が存在する[28]．生殖のニーズから離れて人と人とが強い心理的結びつきを経験することも可能であり，それらの背景を既知の心理メカニズムの寄せ集めで説明できるという保証はない．これまで研究者が説明変数として想定していなかったような要素が多く存在することは間違いないが，実証研究のパラダイムは，その時点で測定方法が確立していない要因の検証に対しては無力である．そのため「なぜパートナーとして選択する相手は特定の個人でなければならず，同様の属性をもつ他の人ではだめなのか」といった主観的価値判断にもとづく，統制下で再現の難しい日常の個別事象の説明は「科学的研究」の埒外である．

　しかしながら，21世紀の科学が個別のケースを説明しようとするまでに粒度を上げることを目指すとすると，これら過去に捨ててきた意識や主観性にかかわる要因を扱う方法論を，新たに確立することが鍵となるだろう．

■文　献

1)　Segerstrale, U.（2000）. *Defenders of the Truth: The Battle for Science in the Sociobiology Debate and Beyond.* Oxford University Press. 垂水雄二（訳）（2005）.『社会生物学論争史〈1〉〈2〉—誰もが真理を擁護していた』みすず書房.

2)　Caplan, P.J. & Caplan, J.（2009）. *Thinking Critically about Research on Sex and Gender* (3rd Ed.). Pearson Education. 森永康子（訳）（2010）.『認知や行動に性差はあるのか』北大路書房.

3)　Saini, A.（2017）. *Inferior: How Science Got Women Wrong-and the New Research That's Rewriting the Story.* Beacon Press. 東郷えりか（訳）（1999）.『科学の女性差別とたたかう

―脳科学から人類の進化史まで』作品社.

4) Sterelny, K. & Griffiths, P.E. (1999). *Sex and Death: An Introduction to Philosophy of Biology*. University of Chicago Press. 太田紘史ほか（訳）(2009).『セックス・アンド・デ ス―生物学の哲学への招待』春秋社.

5) Roughgarden, J. (2004). *Evolution's Rainbow: Diversity, Gender, and Sexuality in Nature and People*. University of California Press.

6) Mead, M. (1928). *Coming of Age in Samoa: A Psychological Study of Primitive Youth for Western Civilization*. William Morrow & Company. 畑中幸子・山本真鳥（訳）(1976).『サ モアの思春期』蒼樹書房.

7) Freeman, D. (1983). *Margaret Mead and Samoa*. Harvard University Press. 木村洋二（訳） (1995).『マーガレット・ミードとサモア』みすず書房.

8) Daly, M. & Wilson, M. (1990). Killing the competition: Female/female and male/male homicide. *Hum Nat*, **1** (1), 81-107.

9) Daly, M. & Wilson, M. (2001). Income inequality and homicide rates in Canada and the United States. *Can J Criminol*, **43**, 219-236.

10) Wilson, M. & Daly, M. (1997). Life expectancy, economic inequality, homicide, and reproductive timing in Chicago neighbourhoods. *BMJ*, **314** (7089), 1271-1274.

11) Grammer, K. et al. (2003). Darwinian aesthetics: Sexual selection and the biology of beauty. *Biol Rev*, **78** (3), 385-407.

12) Etcoff, N. (1999). *Survival of the Prettiest*. Doubleday. 木村博江（訳）(2000).『なぜ美人 ばかりが得をするのか』草思社.

13) Little, A.C. et al. (2011). Facial attractiveness: Evolutionary based research. *Philos Trans R Soc B Biol Sci*, **366** (1571), 1638-1659.

14) Hrdy, S.B. (1981). *The Woman that Never Evolved*. Harvard University Press. 加藤泰建・ 松本亮三（訳）(1989).『女性の進化論』思索社.

15) 立花隆 (1991).『サル学の現在』. 平凡社.

16) Wrangham, R., & Peterson, D. (1997). *Demonic males: Apes and the origins of human violence*. Mariner Books. 山下篤子（訳）(1998).『男の凶暴性はどこからきたか』三田出 版会.

17) Thornhill, R., & Gangestad, S.W. (2008). *The Evolutionary Biology of Human Female Sexuality*. Oxford University Press.

18) Trivers, R.L. (1972). Parental investment and sexual selection. In Campbell, B. (Ed.), *Sexual Selection and the Descent of Man, 1871-1971* (pp. 139-179). Aldine de Gruyter.

19) Bateman, A.J. (1948). Intra-sexual selection in *Drosophila*. *Heredity*, **2** (3), 349-368.

20) 坂口菊恵 (2023). 人間の性行動における生物学的基盤. 近藤保彦 ほか（編）『脳とホル モンの行動学―わかりやすい行動神経内分泌学 第2版』(pp.278-298) 西村書店.

21) Olshausen, B., & Field, D. (2004). Sparse coding of sensory inputs. *Curr Opin Neurobiol*, **14** (4), 481-487.

22) Beach, F.A., Jr. (1938). Sex reversals in the mating pattern of the rat. *Pedagog Semin J Genet Psychol*, **53**, 329-334.

23) Monk, J.D. et al. (2019). An alternative hypothesis for the evolution of same-sex sexual behaviour in animals. *Nat Ecol Evol*, **3** (12), 1622-1631.

24) Pfau, D., Johdan, C.L., & Breedlove, S.M. (2021). The de-scent of sexuality: Did loss of a pheromone signaling protein permit the evolution of same-sex sexual behavior in primates? *Arch Sex Behav*, **50** (6), 2267-2276.

25) Diamond, L.M. (2003). What does sexual orientation orient? A biobehavioral model distinguishing romantic love and sexual desire. *Psychol Rev*, **110** (1), 173-192.

26) Boswell, J. (1980). *Christianity, Social Tolerance, and Homosexuality: Gay People in Western Europe from the Beginning of the Christian Era to the 14th Century*. University of Chicago Press. 大越愛子・下田立行（訳）(1990).『キリスト教と同性愛—1～14 世紀西欧のゲイ・ピープル』国文社.

27) Gowaty, P.A. Kim, Y.-K., & Anderson, W.W. (2012). No evidence of sexual selection in a repetition of Bateman's classic study of *Drosophila melanogaster*. *Proc Natl Acad Sci*, **109** (29), 11740-11745.

28) Pollan, M. (2018). *How to Change Your Mind: What the New Science of Psychedelics Teaches Us About Consciousness, Dying, Addiction, Depression, and Transcendence*. Penguin Press. 宮﨑真紀（訳）(2020).『幻覚剤は役に立つのか』亜紀書房.

齋藤慈子

Chapter **6**
進化心理学と発達

　ヒトの受精から死ぬまでの変化である発達には，文化決定論的な見方がなされてきた歴史的背景がある．まず，ヒトの生物学的側面を重視する進化心理学の視点を発達心理学に取り入れることで，どのようにヒトの発達の理解が深まるのかについて，いくつかの例をあげる．次に，進化的視点を発達心理学に取り入れて生まれた研究分野である，進化発達心理学について紹介する．進化発達心理学は，他種との比較からヒトの発達の特異性を明らかにしようとする比較発達学の知見も踏まえることで，発達を生命科学の他領域と融合させようとする研究分野である．その後，あらためて文化と発達，進化の関係についてふれたのち，最後に，発達は文化進化と遺伝子進化，エピジェネティクスを融合させて理解する必要があることについて考える．

◉ 6.1 発 達 と は

　発達とは，受精（あるいは受胎）から死までの生涯にわたる時間の経過に伴う，個体に起こる心身の変化である．また，動物種が進化のなかで世代をこえて伝えてきた，形態・生態・行動などの適応様式を保ちつつ，同時に現在生きている物理的・社会的環境に適応することでもあり[1]，発達を考える際には，時間軸として，進化，歴史，個体発生という視点を考える必要がある[2]．そのプロセスは，生物学的なものでありかつ，特にヒトでは文化的なプロセスであるともいえる[3]．

　読者のなかには，ヒトの心の発達には，経験や文化が大きく影響を与えるため，生物学的な側面は重要ではないと思っている人も多いかもしれない．ジョン・ロック（Locke, J.）の，ヒトは生まれたときはまっさらな状態「タブラ・ラサ」であるといった主張や，ジョン・B・ワトソン（Watson, J.B.）の，ヒトの行動は遺伝ではなく環境によって形成されるとする環境優位説は有名であるし，「発達心理学」の授業のはじめに学生に取っているアンケートでも，「生まれたときはまっ

さらで，経験や文化によって人格形成がなされる」という項目に「とてもそう思う」「ややそう思う」と回答する学生は8割をこえる．多くの学生が，経験・文化を重要視する発達観をもっていることがうかがえる．

　しかし，発達心理学には古くから生物学的な視点が取り入れられている．チャールズ・ダーウィン（Darwin, C.）が，自然科学的な視点をもってヒトの発達という現象を捉えようと，息子の初期発達を記述したことからはじまり[1]，発生学ともつながりが深く，ジェームズ・ボールドウィン（Baldwin, J.）や，ハインツ・ウェルナー（Werner, H.）も生物学的視点を取り入れようとしていた．発達心理学のなかで最も有名な人物の一人，ジャン・ピアジェ（Piaget, J.）も，研究生活の初期には貝の発生の研究をしていた[4,5]．

　冒頭でふれたように，発達心理学は，進化という時間軸も取り入れたものとも考えられることから，進化心理学との親和性は高いといえる．本章ではまず，進化心理学的な視点を取り入れることで，（おもに現代日本において）一般的な発達観を相対化したり，ヒトの発達を理解し，その知見を活用したりするのに役立つと考えられる例をあげる．

◉ 6.2　進化心理学的視点を取り入れた発達の理解

a.　遺伝の影響の認識：行動遺伝学

　発達心理学においては，遺伝と環境という二項対立的な議論が長らくなされてきた．生物学的側面のひとつである遺伝の影響については，現代でも多くの人が直視したがらないようであるが[6]，ヒトの心理的特性の個人差に，あまねく遺伝の影響があることは，行動遺伝学によって示されている（第7章参照）．エリック・タークハイマー（Turkheimer, E.）は，

① ヒトの行動にはあまねく遺伝の影響がある．

② 同じ家庭で育てられること（共有環境）の影響は遺伝の影響より小さい．

③ 複雑なヒトの行動特性のばらつきの多くの部分は，遺伝子や家族の影響によって説明できない．

という行動遺伝学の3原則を提示している[7]．

　この3原則のうち，特に家庭環境の影響の小ささは，発達心理学界隈ではあまり把握されていないのではないかと感じる．親の養育態度を子どもの発達の要因とみなす研究は無数にみられる[8]．そこには親と子が共通してもつ遺伝的要因の

影響もあるはずであるが，そういった点はあまり指摘されない．子どもの個人差に与える育て方や家庭環境の影響が，世間一般に考えられているよりも小さいことが認識されれば，子育てをする親への重圧は軽くなるのではないだろうか[9]．

b. ヒトの普遍的特徴

進化心理学は，生物種としてのヒトに共通してみられる「人間の本性」に迫るが[10]，発達においても，普遍的側面を理解することは，子どもにかかわる人にとって重要なことである．最もその有用性がわかりやすいのは，身体発達の順序性である．健康な乳児は，まず首がすわり，お座りをし，つかまり立ちをして歩くようになる．お座りした次の日にいきなり歩くことはまずない．個人差は大きいが，およその発達時期と順序性を知っておくことは，子どもの事故を防ぐためにも必要である．

ピアジェの認知発達段階論も，批判を受けつつも広く語り継がれているのは，たった3人の自身の子どもを対象にした実験の結果であったにもかかわらず，普遍性が見出されるからであろう．筆者自身，自分の子どもが「ものの数量は，形状が変わっても変化しないことが認識できるか」を確かめる数量の保存課題を，幼児期では予想通りに間違い，学童期になるとできるようになる，小学校高学年になると，それまでできていなかった三段論法に基づく推論ができるようになるなど，認知的発達が教科書通りであることに，驚くとともに大きな感銘を受けた．

身体的・認知的発達の普遍性に関する知見は，多数の子どもを対象に効率よく教育を行う場面，つまり公教育においても重要である．多くの国で，子どもが6歳前後で小学校に入学するのは，こうした発達の普遍性が関係していると考えられる．

c. 親子の対立

女性には「母性本能」が備わっているという母性神話は否定されて久しいが，いまだに「普通の」母親は愛情をもって子を育てるものであり，それができない母親は「異常である」，と現代でも広く信じられているようである．そういった見方に一石を投じるのが，親子の対立という考え方であろう．ロバート・トリヴァース（Trivers, R.L.）は子どもに対する世話を**投資**（investment）と考え，今いる子への投資によるメリットと，それによる次の子への投資の減少というコストも考えて，**親子の対立**（parent-offspring conflict）を理論的に説明した[11]．次

の子を産む機会がある母親にとって，今いる子に対する制限のない投資（愛情）
は，適応的ではないのである．

　この親子の対立という考え方をふまえると，母親による無条件の愛などないこ
とだけでなく，虐待や子殺しといった行動についても生物学的な説明が可能とな
る．ヒトでは，子育てに長期かつ多大な投資が必要であり，様々な面での投資，
サポートが十分でないと子が育たない，あるいは子の繁殖成功度が低くなること
があり，また一生の間に複数回子を産む機会があることから，場合によっては，
今いる子の子育てを断念して，次の子にかけたほうが，最終的な適応度（生涯に
残す子あるいは孫の数）が大きくなることがあると考えられる．実際に，父親が
不明瞭だったり（父性の不確実性），子の質が低かったり，食糧不足など，環境
が望ましくないときには，子を育てない・遺棄するという選択がとられることが
ある[12]．

　現代社会においては，虐待や子殺しが容認されることでないのは明らかである
が，こういった行動を単なる「異常」と片付けて批判に徹するだけでは，改善に
つながりにくいであろう．虐待は養育者の環境が整っていないからだという視点
をもつことで，困難な状態にある養育者とその子どもたちの環境を改善すること
にもつながるのではないだろうか．

d.　狩猟採集社会を参考にする

　進化心理学では，人類の生業形態の原点は狩猟採集であり，そのような環境が
進化的適応環境（EEA; environment of evolutionary adaptedness）として，適応
問題が考えられてきた[13]．狩猟採集生活以降の文化的環境もヒトの遺伝的な特
性に影響を与えていること，狩猟採集社会にも多様性がみられることから，必ず
しも狩猟採集社会での淘汰圧を単純に考えればよいというわけではないが，子ど
もが育つ環境を考える際に，近現代における，アフリカのアカやエフェといった
狩猟採集社会の環境や子どもの様子は参考になるところが多い．

　たとえば，養育者と乳児の関係に関連して，母親が唯一の養育者でないことが
示されている．複数の狩猟採集社会で乳児期に誰が直接的な世話を行っているの
かを調べた研究によれば，母親が直接的な世話を行っている時間の割合は高くて
も50%前後で，残りの半分の時間は他の人が乳児の面倒をみている[14]．母親が
乳児から離れて自分の時間をもつことの大切さは，子育て支援の場でも強調され
ていることからもわかるように，多くの霊長類が行っているような母親単独での

子育ては，ヒトでは困難であることが狩猟採集社会での子育てからもうかがえる．

狩猟採集社会では，正式な教育はなく，異年齢集団の中での遊び[15]，大人の真似や観察，実際の労働を通して，生活していくうえで必要な技術を学んでいく[16]（第13章参照）．遊びの重要性については，幼稚園教育要領や保育所保育指針でも強調されているだけでなく，小学校以上の学びにおいても重要であるという指摘もある[17]．異年齢の子ども同士のかかわりについても，同要領・指針だけでなく，小学生を対象とした文科省の研究報告でも主張されている[18]．こういった方針は狩猟採集社会における子どもたちの姿，ヒトの子どもの「本性」とも関係があるかもしれない．

e. 進化心理学的視点を取り入れることの注意点

生物学的に説明されることが「正しいこと」「そうすべきこと」である，という誤解については，進化心理学がこれまで丁寧に否定してきたことなので，改めて説明するまでもないであろう．子殺しが生物学的に説明されたとして，それは価値判断とはまったく別物である．現代環境が「不自然」だからといって「自然」な環境にしなければならないわけではない．生物学的な制約や傾向が考えられるなかで，どのようにふるまうのかということを考えることが重要である．

発達の特徴がどこまで普遍的なのかという判断には，注意を要する．先に子どもが三段論法に基づく推論ができるようになったことにふれたが，三段論法的な思考ができるのは，学校教育を受けてきているからだという可能性もある．アレキサンドル・ルリア（Luria, A.）の報告によると，読み書きのできない中央アジアの農夫に三段論法の前提に基づいた推論を求めたところ，見たことしか語らない，見たことのないことについては話さない，といって回答を拒んだという[3]．心理学全般において **WEIRD 問題**（西洋の近代化された社会に研究対象が偏っているという問題）が取りざたされるようになったが[19]（第13章参照），ヒトの発達には文化的側面も含まれており，心理的特性について，普遍的な側面と文化特異的な側面を完全に切り分けることは，難しいであろう．

◉ 6.3 進化を取り入れた発達研究分野：進化発達心理学

デイビッド・ビョークランド（Bjorklund, D.F.）らは，進化的な視点が，発達

研究における既存の知見を整理・統合し，発達を生命科学の他領域と融合させるのに役立つとして，**進化発達心理学**（evolutionary developmental psychology）という分野を提唱した[20,21]．

　進化発達心理学は，進化的ヒトと動物の連続性を前提とし，系統発生を把握しながら，ヒトと他種を比較することで，ヒトの特徴や発達の独自性を明確化しようとする比較発達科学（比較発達心理学，比較発達認知科学ともいう）の知見も取り入れ，すべてのヒトに共通する社会的・認知的能力の発達を司る遺伝的・生態学的なメカニズムと，これらの能力を局所的な状況に適応させるエピジェネティック（遺伝と環境の相互作用）プロセスを研究する分野である．**発達システム理論**（developmental system theory）を取り入れ，遺伝的活動，神経活動，行動，環境といった階層構造を想定し，隣接する階層間のそれぞれの相互作用によって個体の発達が進むと考える．

　このように考えると，**本能**（instinct）といわれるような行動も，同種のほとんどの個体が経験するような，**種に典型的な**環境・刺激（species-typical environment/stimulation）を適当なタイミングで受けるからこそ発現するものであり，生まれもった，自ずと発現する行動ではないといえる．一見「本能」とされる行動の例として**刷り込み**（imprinting）があるが，同種の音声への選好という音声刷り込みも，実は適切な刺激が必要で，孵化前から他の個体から隔離し，かつ自身の発声を妨げられたアヒルは，同種の音声への選好を示さないという[23]．

　発達の可塑性が進化的変化の原動力となるとも主張されている．ある環境下で個体が学習によって獲得した行動が，自然淘汰の積み重ねにより集団の生得的な行動として組み込まれ，獲得のきっかけになった環境下でなくとも発現するようになる**ボールドウィン効果**（Baldwin effect）も想定し，個体の発達が進化にも影響を与えると考察されている．そのほか，ヒトが**幼型成熟**（ネオテニー，neoteny）的特徴をもつこと，**自己家畜化**（self-domestication，第9章参照）された種であること，**生活史**（life history，第14章参照）を他種と比較すると，ヒト特有のコドモ期，思春期という発達段階があることなど，進化的視点は，個体発生・発達にとってメタ理論となり，説明を提供したり，現代環境と進化的適応環境のミスマッチにより生じる，現代社会の問題の解決につながると考えられている．

◉ 6.4 文化と発達

発達は外界との相互作用のプロセスであり，文化の多様性がヒトの発達の様相を多様にする[3]．ヒトの特徴，賢さは，集団に蓄積された情報である文化のたまものであり，文化をはく奪されたら生存すら難しいが[24]，その多様性は文化人類学者が指摘してきたとおりである．文化による発達，発達観の違いは明らかにみられる．日本や欧米では自己主張が激しくなり，第一次反抗期，イヤイヤ期とされる2歳児であるが，チベットの農耕牧畜地域では，一人で村のなかをふらふらしているという．大人の束縛なく，自由に活動している場合，イヤイヤ期は認識されないだろう[25]．先にも述べたように，心理的特性について，普遍的な側面と文化特異的な側面を完全に切り分けることは難しく，ヒトは周囲のヒトから学ぶがゆえに，自分の周りの環境や価値観がすべてと思いがちであるが，発達を理解するには，自文化を相対的にみる視点が必要である．

文化は地域による違いがあるだけでなく，時代によっても変わる，つまり文化自体変化をしていき，その違いが発達にも影響を与える．生涯発達について実証的研究を行ったポール・バルテス（Baltes, P.B.）が指摘したように，年齢に特有な変化だけでなく，歴史に特有な変化も加えた枠組みが必要であり，実際に時代によって人々の発達の様相は異なる[26]．飢餓やパンデミック，気候変動など，地球規模の環境変化もヒトの文化的営みの影響を受けたものであるが，こういった地球規模の変化だけでなく，教育政策の変更など局所的な文化・環境の変化もヒトの発達に影響を与えるであろう．流行の子育て法の違いが愛着のあり方に影響を与えたのではないかという指摘もある[27]．

◉ 6.5 これからの発達心理学

発達心理学・進化発達心理学も心理学全体と同様，再現可能性や一般化可能性の問題をかかえてもいる（コラム1，2参照）．ヒトの乳幼児を対象とするデータを集めるのは非常に困難であるため，恣意的なデータの取捨選択，**HARKing**（hypothesizing after the results are known，結果を見てから後付けで仮説を生成すること）など**QRPs**（questionable research practices，従来見逃されていた再現可能性を下げてしまうような問題のある研究上の慣行）が起こる危険性が高い

分野かもしれない．実際，有名な研究の再現性に疑義が呈されていることもある[28]．QRPs を防ぎ，十分なサンプルを集めるためには，事前登録と複数ラボでの大規模調査・実験が必要となってくるであろう．現時点でも ManyBabies（https://manybabies.github.io/）など，複数ラボでの共同研究が試みられている．また，本章でも繰り返し述べてきたように，発達と文化は絡み合っており，さらには，進化発達心理学が指摘するように，発達が進化にも影響を与えるという側面もある．そのなかで発達の普遍性，知見の一般化可能性を追究することは容易ではないといえる．

　しかし，発達観は，ヒトの純粋な理解にとどまらず，われわれの日常にかかわる政策にも影響を与える．少子化が進む現代日本では，子育て支援のあり方が政治的に大きな問題となっているが，「子どもは母親が家庭で育てるべきだ」という，一部の人が持つ発達観が，こども家庭庁の名称決定に影響したと考えられる．子どもの「健全な」発達（そもそも何が健全な発達なのか，死亡率が低くなった現代では容易には決めがたいが）のために必要な環境を考えたうえで，誰をどうサポートするのがよいのかを決めていく必要があるであろう．このような社会全般への影響を考えると，再現性・一般化可能性の問題があるなかで，発達心理学の研究知見は慎重に扱われる必要がある．

　文化は，時代とともに，また，技術の発展，情報伝達スピードの上昇とともに，ますます変化しやすくなっていくと考えられる．そういったなかで「ヒトという種に典型的な環境」が何なのかを定義することは非常に困難になるのではないだろうか．たとえば，子どもがスマホやタブレットから情報を得ることは日常になりつつあるし，ロボットとのやり取りなども，人材不足が厳しい保育・教育の現場で増えていくかもしれない．そういった新たな環境が広く長く続いた場合，どの程度であればヒトという種に典型的な発達環境は変化したといえるのだろうか．その判断は難しいといえる．

　文化の変化に関する理論，文化進化の研究は進みつつあり[29]，文化進化を発達の理解に取り入れる視点も出てきている（第 10 章参照）[30]．これからの発達の理解には，生物学的なメカニズム（ゲノム，エピジェネティック双方）の詳細と文化進化メカニズムの詳細を，包括的に組み込んだ視点と方法論が必要になってくるだろう．

■文　献

1) 南徹弘（編）（2007）．『朝倉心理学講座3　発達心理学』朝倉書店．

2) 無藤隆・子安増生（2011）．『発達心理学 I 』東京大学出版会．

3) Rogoff, B. (2003). *The Cultural Nature of Human Development*. Oxford University Press. 當眞千賀子（訳）（2006）．『文化的営みとしての発達―個人，世代，コミュニティ』新曜社．

4) Papini, M.R. (2002). *Comparative Psychology: Evolution and Development of Behavior*. Psychology Press. 石田雅人・児玉典子・川合伸幸・山下博志（編）比較心理学研究会（訳）（2005）．『パピーニの比較心理学―行動の進化と発達』北大路書房．

5) Werner, H. (1948). *Comparative Psychology of Mental Development*. Follett Pub. Co. 鯨岡峻・浜田寿美男（訳）（1976）．『発達心理学入門―精神発達の比較心理学』ミネルヴァ書房．

6) 安藤寿康（2012）．『遺伝子の不都合な真実―すべての能力は遺伝である』筑摩書房．

7) Turkheimer, E. (2000). Three laws of behavior genetics and what they mean. *Curr Direct Psychol Sci*, **9** (5), 160-164.

8) Larzelere, R.E., Morris, A.S.E., & Harrist, A.W. (2013). *Authoritative Parenting: Synthesizing Nurturance and Discipline for Optimal Child Development*. American Psychological Association.

9) Harris, J.D. (1998). *The Nurture Assumption: Why Children Turn out the Way They Do*. Free Press. 石田理恵（訳）（2017）．『子育ての大誤解〔新版〕重要なのは親じゃない〔上〕・〔下〕』早川書房．

10) 長谷川寿一・長谷川眞理子・大槻久（2022）．『進化と人間行動　第2版』東京大学出版会．

11) Trivers, R.L. (1974). Parent-offspring conflict. *Am Zool*, **14** (1), 249-264.

12) Daly, M., & Wilson, M. (1988). Evolutionary social psychology and family homicide. *Science*, **242** (4878), 519-524.

13) 長谷川寿一・長谷川眞理子（2000）．『進化と人間行動』東京大学出版会．

14) Kramer, K.L. (2010). Cooperative breeding and its significance to the demographic success of humans. *Ann Rev Anthropol*, **39** (1), 417-436.

15) Lew-Levy, S., et al. (2020). Gender-typed and gender-segregated play among Tanzanian Hadza and Congolese BaYaka hunter-gatherer children and adolescents. *Child Dev*, **91** (4), 1284-1301.

16) Kramer, K.L. (2021). Childhood teaching and learning among savanna Pumé hunter-gatherers. *Hum Nat* , **32** (1), 87-114.

17) Gray, P. (2013). *Free to Learn: Why Unleashing the Instinct to Play Will Make Our Children Happier, More Self-reliant, and Better Students for Life*. Basic Books. 吉田新一郎（訳）（2018）．『遊びが学びに欠かせないわけ―自立した学び手を育てる』築地書館．

18) 国立教育政策研究所文部科学省，子どもの社会性が育つ「異年齢の交流活動」―活動実施の考え方から教師用活動案まで（2011）（available at https://www.nier.go.jp/shido/centerhp/2306sien/2306sien3_2s.pdf）．

19) Henrich, J., Heine, S.J., & Norenzayan, A. (2010). The weirdest people in the world? *Behav*

Brain Sci, **33**（2-3）, 61-83; discussion 83-135.

20）　Geary, D.C., & Bjorklund, D. F.（2000）. Evolutionary developmental psychology. *Child Dev*, **71**（1）, 57-65.

21）　Bjorklund, D.F., & Pellegrini, A.（2002）. *The Origins of Human Nature: Evolutionary Developmental Psychology*. American Psychological Association. 無藤隆（監訳）松井愛奈・松井由佳（訳）（2008）.『進化発達心理学―ヒトの本性の起源』新曜社.

22）　Bjorklund, D.F.（2020）. *Child Development in Evolutionary Perspective*. Cambridge University Press.

23）　Gottlieb, G.（1976）. Early development of species-specific auditory perception in birds. In G. Gottlieb（Ed.）, *Studies on the Development of Behavior and the Nervous System*（pp. 237-280）. Academic Press.

24）　Henrich, J.（2016）. *The Secret of Our Success: How Learning from Others Drove Human Evolution, Domesticated our Species, and Made Us Smart*. Princeton University Press. 今西康子（訳）（2019）.『文化がヒトを進化させた―人類の繁栄と"文化-遺伝子革命』白揚社.

25）　川田学（2019）.『保育的発達論のはじまり―個人を尊重しつつ,「つながり」を育むいとなみへ』ひとなる書房.

26）　Baltes, P.B.（1968）. Longitudinal and cross-sectional sequences in the study of age and generation effects. *Hum Dev*, **11**（3）, 145-171.

27）　Magai, C., et al.（2004）. The differential roles of early emotion socialization and adult attachment in adult emotional experience: testing a mediator hypothesis. *Attach Hum Dev*, **6**（4）, 389-417.

28）　Margoni, F., & Surian, L.（2018）. Infants' evaluation of prosocial and antisocial agents: A meta-analysis. *Dev Psychol*, **54**（8）, 1445-1455.

29）　田村光平（2020）.『文化進化の数理』森北出版.

30）　Heyes, C.（2018）. *Cognitive Gadgets: The Cultural Evolution of Thinking*. Harvard University Press.

中西大輔

Chapter **7**
進化心理学とパーソナリティ

　パーソナリティとは，個人差を伴い，個人内で一貫した行動パターンをとらせ
ると考えられている構成概念の一種である．前半部分ではまず，パーソナリティ
の概念的整理を行ったうえで，パーソナリティというものがそもそも存在するの
か，特に一貫性論争や社会的構築物（あるいは対人認知）として捉える考え方を
紹介しながら議論する．従来のパーソナリティ心理学における議論では進化的起
源について論じられることはほとんどなかった．一貫性論争では，パーソナリテ
ィのみで人の行動を予測することが困難であることが議論されてきたが，人の行
動を一貫したものだと捉える対人認知の側面として考えると，適応の観点から理
解することができるのかもしれない．後半部分では，特に個人差の進化に焦点を
当てる．同じ環境におかれた複数の人が異なるパーソナリティを示しているとい
うことを，適応の観点からどのように考えたらよいのだろうか．適応の観点から
パーソナリティの個人差を扱う三つの説，選択的中立理論，反応性遺伝率，平衡
淘汰を中心に紹介する．

● 7.1　パーソナリティとは何か

　パーソナリティに関する研究を専門的に行う領域として，心理学にはパーソナ
リティ心理学（ないし人格／性格心理学）という分野が存在する．心理学におい
ては，ゴードン・オールポート（Allport, G.W.）による「パーソナリティは，個
人の内部で，環境への彼特有な適応を決定するような，精神物理学的体系の力動
的機構である」[1]（p. 40）という定義が最も代表的なものとされている．渡邊芳
之はそのような古典的定義を踏まえたうえで，パーソナリティの指し示す内容は
多岐にわたり，研究者の人間観や世界観によると述べ，「人がそれぞれ独自で，
かつ時間的・状況的にある程度一貫した行動パターンを示すという現象，および
そこで示されている行動パターンを指し示し，表現するために用いられる概念の

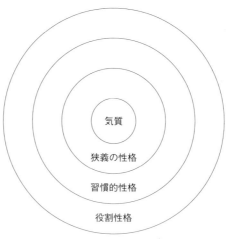

図7.1　性格の概念図[4]

総称」(p. 23) であると定義している[2]．つまり，パーソナリティは環境への心理的な適応として現れるものであり，そこには個人差が存在し，またある程度一貫したものであるという三点が重要であると考えられてきた．

　このように，環境への適応といいつつ，個人差が存在するという点が進化的な視点からは解くべきパズルを提供しているといえる．なぜ，同じ環境に存在するはずの個体群が，複数のパーソナリティをもつのだろうか．このことは後で考えることにしよう．

　関連する概念として，**性格**（character），**パーソナリティ**（personality，**人格**），**気質**（temperament）といったものが，これまで伝統的に心理学では使われてきた．性格とパーソナリティはほぼ同じ意味をもっているが，語源は異なる．personality はラテン語 *persona* に由来しており，一方 character はギリシア語の *kharaktēr*（= engraving, 掘りきざむ）を語源としている．*persona* とは本来mask の意味であったので，見かけ上の表面的性質という意味合いがある．character はそれに比べるとより生得的な意味合いが強い[3]．

　たとえば，一般向けに書かれたパーソナリティ心理学の古典として宮城音弥の『性格』[4]をみてみよう．宮城は性格を，気質から狭義の性格，習慣的性格および役割性格（=パーソナリティ）と層別に概念化している（図7.1）．最も中心部にある気質は性格の中でも先天的，生得的な要素が強く，中核に当たる部分を構成しているものである．渡邊は「気質という概念は性格のうち比較的基底にある，

情動や感情，刺激への反応などの基本的な傾向を指す」(p. 28) としたうえで，
発達心理学における活動周期，周期性，接近 / 回避，順応性など新生児にみられ
る個人差を意味すると説明している[2]．「比較的基底にある」ということは，遺
伝的な要素が強いものである．中心部は遺伝的要素が強く，外縁部にいくほど環
境の影響を大きく受けるという意味で，この模式図はパーソナリティの個人差を
遺伝率の側面から捉える**行動遺伝学**（behavioral genetics）の進展によってより
実証的な裏付けがなされつつあるといってよい．

　パーソナリティというのはもちろん実体ではなく，心的概念（構成概念）の一
種である．また，そうした構成概念としてのパーソナリティは測定されて初めて
可視化されることから，どのように測定するかが重要な問題となる．心理学の研
究対象は観察可能な行動であり，この立場から考えればパーソナリティも行動で
ある．日常用語で考えるとおかしいと思われるかもしれないが，心理学における
行動とは外に顕れたものを意味する専門用語であり，日常用語の「行動」とは異
なる意味をもっている．その観点から捉えると，パーソナリティは明らかに行動
である．

　パーソナリティは人間の〈内部〉にあるものではないか，と読者は思うかもし
れない．確かにオールポートによるパーソナリティの定義では「個人の内部で
（within the individual）」という表現がみられるが，「内部で」と表現するのは，
一種のレトリックである．測定できるように取り出した段階で，それは〈内部〉
のものではないからである．そのように考えれば，科学的な研究として測定可能
なものを対象とする心理学においては，真の〈内部〉の要因はすべて捨象されて
いるといってもよい．対人認知にしてもパーソナリティにしても，すべて測定と
いう手続きによって〈外部〉化された対象を（広義の）機能主義の観点から研究
しているのである．もちろん，行動レベルでの測定は，理論上，因子としての，
直接測定できない心的概念を間接的に扱うために行われる手続きだが，少なくと
も心理学の研究法を用いる限りにおいてはパーソナリティそのものを直接扱うこ
とはできないことに注意が必要である．

　したがって，「個人の内部で」というのは個人差が存在するということをいっ
ているにすぎず，パーソナリティとして研究者が扱うのは，性格検査への回答パ
タンであったり，特定の状況における行動観察の結果（たとえば宴会の場で饒舌
かどうかなど）であったりする．それらはすべて外に顕れた行動なのである．そ
のような意味で，パーソナリティはそれ自体が行動であり，必ずしも行動を説明

する内的な要因ではないということに注意が必要である．あるパーソナリティが他の行動指標と相関していたとしても，パーソナリティそれ自体も観察されたものであり，他の行動の「原因である」とはいえない．

● 7.2　パーソナリティは存在するのか

人のパーソナリティに通状況的一貫性があるかどうかについては，1968 年にウォルター・ミッシェル（Mischel, W.）による *"Personality and Assessment"* が刊行された頃から長く議論されてきた．ミッシェルは，測定されたパーソナリティとその他の行動との間には状況をこえた一貫性がなく，その相関係数 r はせいぜい 0.3 程度であるとし，「あるひとりの個人についての叙述をすることに対するそれらの価値が，厳しく限定される」[5]（p. 40）と批判している．人の行動に与える状況要因の影響力を強調する社会心理学が一貫性論争以降勢いを増してきたことも，これとは無関係ではないと思われる．しかし，パーソナリティ心理学にしろ，社会心理学にしろ，相関係数が 0.3 もあれば科学的知見として論文に報告するには十分であるという事実を踏まえれば，異なる状況における相関係数 0.3 が本当に不十分なものなのかどうかということについて判断するのはなかなか難しいところかもしれない．実際，ミッシェルも「この程度の大きさの，統計的に有意な関係は，個人差や集団の差に関するパーソナリティ研究を正当化するのに十分である」[5]（p. 40）と述べている．つまり，ミッシェルは，この程度の相関係数ではパーソナリティから人の行動を予測するという実用上の目的にとっては意味がないと主張したのであって，その科学的研究の重要性を否定したわけではない．また，これが進化の文脈で議論される場合には，ごく小さな違いでも，それが適応に影響するのであれば，長い年月をかけて自然淘汰が働くことは十分に考えられる．

なお，ミッシェルはパーソナリティによって人間行動を説明するのはトートロジーであるという批判も行っている．もちろん，すでに述べたように，完全に観察に還元されるパーソナリティによって人間行動を説明しようとするのはトートロジーである．人前で寡黙な人物を見て「内向性」というパーソナリティ概念を思いついた研究者が，他の場所で同じく寡黙な人を見た場合に「この人は内向的だから寡黙なのだ」といっても何の説明にもならない．「内向性」という概念によって情報量が何ら増さないので，無意味である．このような場合，パーソナリ

ティは仮説的構成概念としての機能を失い，単なる傾性概念[6]として行動のいい
かえをする役割が与えられるだけになってしまう．

　さて，ミッシェルがいうように，実際の場面でパーソナリティからある人の行
動を予測できないとしても，それはただちにパーソナリティに遺伝的基盤が存在
しないことを意味するわけではない．行動遺伝学では，遺伝的に同一の一卵性双
生児間の相関係数は，**ビッグファイブ**（Big Five，パーソナリティが外向性，神
経症傾向，誠実性，調和性，開放性の5因子から構成されることを想定するモデ
ル）のパーソナリティ因子で0.38から0.52という値が得られている．通常のき
ょうだいと同じ50%程度しか遺伝子を共有していない二卵性双生児の値は0.10
から0.25であり，明確に遺伝の影響が認められる[7]．パーソナリティは状況要
因と交絡した場合には必ずしも人の行動を予測できるほど強力であるとはいえな
いかもしれないが，その個人差には明確に遺伝の影響が認められている．

　さて，パーソナリティに一貫性があるかどうかという問題の他にも，それがど
の程度社会的に構築されるものなのかという観点も重要である．パーソナリティ
が社会的に構築されるのであれば，それは遺伝的な影響を受けないと思われるか
もしれないが，話はそれほど単純ではない．その捉え方の最左翼は，パーソナリ
ティというのはその大部分が社会的構築物だとする考え方だが，その場合でも進
化的な起源が無関係であるとはいえない．たとえば，ある人のパーソナリティに
ついて噂話の中で話題になることがある．そこでは，その人が利己的で信用でき
ない人物であると見做されているが，実際にはかなり偏った情報であることもあ
る．もし，噂話の中で話されているパーソナリティと実際のそれに乖離があれ
ば，パーソナリティは社会的に構築されたものであるということができる．実
際，ダグラス・ケンリック（Kenrick, D.T.）とデビッド・ファンダー（Funder, D.C.）
は，面識のない相手についてのパーソナリティ特性が，根拠のないゴシップに基
づくものであっても，それが共有されることがあることを示している[8]．

　ロビン・ダンバー（Dunbar, R.I.M.）によれば，ゴシップは言語の起源のひと
つである．彼は「群れの規模を増大させ続けるためには，より有効な結束のため
の仕組みが必要となった」[9]（p. 164）と述べ，ゴシップの機能について議論して
いる．群れのメンバーどうしでやり取りされているパーソナリティ情報には根拠
があるものもあっただろうし，他愛もない噂話の中から社会的に構築されるもの
もあったであろう．交換される情報がたとえ根拠のないものであってとしても，
ある人の（間違った）パーソナリティが共有されることによって同盟関係の形成

が促進されるという意味での適応的意義があり，そこに進化的起源を考えることもできる．このようなゴシップによる他者のパーソナリティ情報の交換は，ある意味対人認知の進化的起源といえるのかもしれない．

　以上の議論からわかることは，少なくともパーソナリティは有益な情報であると考えられる傾向にあり，頻繁に他者とその情報が交換されるが，必ずしも他者の行動を予測するうえで役に立つとは限らないということである．

　一方，こうしたパーソナリティの存在が個人の適応を助けるような機能を有する場合には，パーソナリティによる人間行動の説明は意味をもつようになる．その場合には，パーソナリティの基盤として生理的あるいは遺伝的な機構が想定されるので，パーソナリティの存在が観察に完全に還元されるわけではなくなるのだ．

　通常，多くの人にとってパーソナリティは実在すると信じているものであるが，その他の行動との相関が低いとすれば，それはいったいどう考えたらよいのだろうか．社会心理学の領域では，パーソナリティというよりも対人認知の研究が発展してきた．つまり，実際にパーソナリティが存在するかどうかはともかく，ある人のパーソナリティが，他者からどのように捉えられるかが研究対象となっていた．たとえばビッグファイブなど，文化をこえてそれなりに一貫性のある因子についても，実際に人間のパーソナリティに五つの次元があるというよりは，われわれは五つの次元で人間を見るように進化してきたと考えるほうがよいのかもしれない．そのように考えると，パーソナリティに通状況的一貫性が存在しないとすれば，対人認知についての進化的研究が必要になってくるであろう．

　ビッグファイブはパーソナリティとして存在するのか，それとも，そのような枠組みとしての対人認知が存在するに過ぎないと考えたほうがいいのか．ビッグファイブがどの文化圏でも安定して検出されるのは，少なくとも「パーソナリティとはこういうものである」という前提が文化をこえてある程度共有されていることを意味する．人が人を見る対人認知の枠組みが共通していることは人の評価を行う際には重要だが，それがなんらかの適応課題を解決するうえで，**領域固有性**（domain specificity）をもった適応価値を有しているかどうかに関してはさらなる検討を要する．

　以下では，対人認知としてのパーソナリティではなく，実在するパーソナリティ特性の個人差がいかなる適応的メカニズムによって成立しうるのかを検討していくことにしよう．第1章で進化心理学とはある種の「機能主義心理学」だと紹

介した．しかし，パーソナリティを機能主義の観点から見ることと，それに適応的機能を認めるかどうかということは別の話である．以下ではパーソナリティに積極的な機能を想定しない仮説（選択的中立理論）を紹介したうえで，適応的機能を認める仮説（反応性遺伝率，平衡淘汰）について議論する．

◉ 7.3 選択的中立理論による説明

進化心理学の黎明期においては，ジョン・トゥービー（Tooby, J.）とレダ・コスミデス（Cosmides, L.）は**選択的中立理論**（selective neutrality theory）によってパーソナリティの個人差を説明しようとした[10]．これは，パーソナリティの個人差は，遺伝的ノイズあるいは本来パーソナリティとは関係のない形質の進化に伴う副産物として生じたものであり，適応とは無関係であるという議論である．つまり，パーソナリティは淘汰と無関係であったがゆえに，多様性を保持していると考えられてきたのである．もし，パーソナリティによって適応度の差が生じないとすれば，その個人差は**遺伝的浮動**（genetic drift），つまり偶然生じたものである可能性がある．あたかも，ABO 式血液型が多様である一方，基本的には適応にはほとんど影響を与えていないように．なんらかの要因で個人差が生じれば，パーソナリティによって適応度に差が生じない状況ではその多様性は維持される．

中立進化によるパーソナリティの多様性は集団サイズがある程度大きくなければ維持されないことがわかっている．集団サイズが小さい場合には遺伝的浮動により，集団内は均一の特徴をもつものが支配的になるからである[11]．ヒトの集団規模は比較的大きいが，重要なのは自然淘汰よりも遺伝的浮動のほうがパーソナリティ形質の分散に大きく寄与をするかどうかであり，集団規模が大きくなるほどこの条件が満たされることは難しくなることがわかっている[12]．また，少なくとも，知能やパーソナリティが社会的成功に影響を与えることはわかっており[12,13]，中立進化で説明できる分散が多いとはいえない．このように，パーソナリティの多様性を中立進化のみで説明することは難しいといえよう．

● 7.4　反応性遺伝率

　最も初期にパーソナリティに積極的な適応的意義を認めようとしたのはデビッド・バス（Buss, D.M.）である．しかし，単に特定のパーソナリティが適応度を上昇させるというだけの話であれば，個人差が生じる原因を説明できない．バスはこの点に関してカエルのオスの配偶戦略を例にとって説明している[14]．大型のオスは派手に鳴いてメスを惹きつけるが，小型のオスはその近くにいてメスを待ち伏せするサテライト戦略のような代替戦略をとっているという例である．これは体力の個体差によって最適な戦略が異なるために生じるものである．大声で鳴くことはメスを惹きつけるうえで有効だが体力に負担がかかる．一方，サテライト戦略を取るとうまくいく確率は低下するだろうが，体力的な負担が少ない．こうしたトレード・オフから，身体の大きさによって最適な戦略が変わってくる．

　代替戦略は，自身の身体的能力によって最適な戦略が異なることを意味している．これはトゥービーとコスミデスによって**反応性遺伝率**（reactive heritability）と呼ばれたものである[10]．実は遺伝しているのは身体の大きさなのだが，それに伴って最適な戦略（鳴き方のパーソナリティ）が異なるので，あたかもパーソナリティ（ここでは鳴き方のパタン）自体が遺伝しているかのように見える現象である．なお，このような関係は身体的特徴と心理変数（パーソナリティ）の間だけではなく，心理変数間でも生じるといわれている．これは，直面している環境は同じであっても，個人によって適応的な行動が，その個人の身体的あるいは心理的な特徴によって異なることから生じるパーソナリティの多様性である．これはある意味，それぞれの個人にとって適応的な**ニッチ**（niche）が存在するということでもある．

　なお，以下で紹介する環境多様性や頻度依存淘汰（frequency dependent selection）などの説も突き詰めればニッチ構築の話に行き着く（第10章参照）．このことを，アウレリオ・フィゲレード（Figueredo, A. J.）ら[15]は，火事の際に燃えさかる建物から逃げる方法にはいろいろあるというたとえ話で，さまざまなパーソナリティ特性をもつ者が等しい適応度を達成した結果，個人差が生まれたと説明している．

● 7.5 平 衡 淘 汰

　平衡淘汰（balancing selection）とは，異なる形質を持つ個体が同程度に適応的である状況を作り出すものである．この平衡淘汰には，**環境多様性**（environmental heterogeneity）と**負の頻度依存淘汰**（negative frequency dependent selection）の二つがある[12,16]．

　環境多様性仮説とは，淘汰圧である環境の性質が空間的・時間的に異なるために，様々な特徴をもつ個体が平均すれば等しい適応度をもつことにより多様性が維持されると考える説である．たとえば新奇性追求や外向性に関連するとみられる遺伝子が地域によって偏在することがわかっている．より資源が豊かな地域に移動することが重要な環境では，こうしたパーソナリティ特徴をもつことが適応につながるが，定住民にとってはそうではないという可能性がある[16]．あるいは，対人関係を構築することが得意な人は営業職で活躍できる一方，対人関係の構築は苦手だが，こつこつ一人で作業をすることが得意な人は職人として成功するかもしれない．結果的に適応度が等しいのであれば，複数のパーソナリティが一つの社会で共存することになる．

　一方，負の頻度依存淘汰とは，集団内に複数のタイプのパーソナリティが存在するときに適応度が等しくなるという意味では環境多様性と同じであるが，ある特徴をもつ者の数が別の特徴をもつ者の適応度に影響を与えるものである．たとえば，**社会病質者**（sociopath）は男性では人口の 3% から 4%，女性では 1% 未満しか存在しないが，社会における犯罪者のかなり多くの比率を占めるといわれている．彼らは社会的感情を欠いており，他者を欺くことによってある種の適応を果たしているといわれている．たとえば同じ相手と繰り返し相互作用するような場面では，相手を騙して一時的に儲けても，仕返しをされるかもしれないし，そうでないとしても，もう二度と付き合ってもらえなくなるかもしれない．したがって，ふつうは繰り返しの相互作用のある場面では協力的にふるまうことに合理的な根拠がある．しかし，われわれは通常，もう二度とその相手に会わないことがわかっていても，ひどいことはしない．相手を騙すことを感情が防ぐのである．そのため，われわれは基本的には善意で他者に接することになるが，そこに少数派の社会病質者の付け入る隙ができるということである[17]．社会病質者が社会の大部分を占めれば，誰も相手を信頼しなくなるので，彼らが搾取をするこ

ともできなくなる．つまり，少数派であるがゆえに彼らは適応できる．

　このような負の頻度依存淘汰は，必ずしもパーソナリティの研究として扱われてきたわけではないが，進化ゲーム理論を使ってかなり多くの研究が行われている．よく知られているものとしてはメイナード＝スミス（Maynard Smith, J.）による**タカ・ハトゲーム**（hawk-dove game）の例がある[18]．タカ・ハトゲームは，Vの価値がある有限の資源をめぐって葛藤状況にある二者どうしの闘争をモデル化したものである．このモデルでは，二者がある価値をもった資源をめぐって争っている．もしこの資源を得ることができたら適応度がVだけ増加する．個体が取れる戦略は，自分か相手が傷つくか相手が逃げ出すまで戦いを挑み続けるタカ戦略と，まず誇示し相手が戦いを挑んでくればただちに逃げ出すハト戦略である．傷つくとCだけ適応度が下がる．資源の価値であるVと闘争のコストであるCの関係によって，タカとハトどちらがより適応的かが決まるが，もうひとつ重要なのが，その集団のなかに存在するタカとハトの比率である．タカが多ければ，タカは与しやすいハトと滅多に遭遇できず，タカどうしで傷つけ合ってしまうため，適応度が下がるが，ハトが多ければタカはハトを一方的に搾取して高い適応度を達成する．つまり，タカは同種のタカが少ないほうが高い適応度を達成できるという意味で，負の頻度依存状態にある．なお，こうした状況下では複数の戦略が一定比率で均衡する状況が進化的に安定することが数理的にわかっている[19]．

　このような構造は，社会的学習に関する情報の提供者と消費者の間にも見られることがわかっている[20]．他者から学ぶという社会的学習は，世の中に正しい情報が普及してはじめて適応的な行動となる．しかし，正しい情報を入手するにはコストがかかるため，みんなが他者の情報にただ乗りしている状況では社会的学習は適応的な情報獲得方略とはなりえない．つまり，カンニングは，カンニングされる者が誠実に勉強をしているという前提がなければ成立しない．進化シミュレーションと実験の結果，集団にはコストをかけて正しい情報を個人的に学習する者とその情報に依存するフリーライダーが一定比率で均衡することが明らかとなった．しかも，戦略の個人差は実験初期にははっきりしなかったものの，実験終盤に至ると，誠実に個人学習する者と他者の学習成果にただ乗りする者は次第に分化していった．このように，負の頻度依存的な状況を経験することによって，個人差が明確に現れてくる可能性があり，こうした構造はパーソナリティの起源のひとつになりうるかもしれない．

■文　献

1) Allport, G.W. (1937). *Personality: A Psychological Interpretations.* Henry Holt and Company. 詫摩武俊・青木孝悦・近藤由紀子・堀正（訳）(1982).『パーソナリティ―心理学的解釈』新曜社.

2) 渡邊芳之（2010）.『性格とはなんだったのか―心理学と日常概念』新曜社

3) 依田新（1968）.『性格心理学』金子書房

4) 宮城音弥（1960）. 性格 岩波新書

5) Mischel, W. (1968). *Personality and Assessment.* John Wiley & Sons. 詫摩武俊（監訳）(1992).『パーソナリティの理論―状況主義的アプローチ』誠信書房.

6) 渡邊芳之（1995）. 心理学における構成概念と説明. 北海道医療大学看護福祉学部紀要, **2**, 1-7.

7) 安藤寿康（2011）.『遺伝マインド―遺伝子が織り成す行動と文化』有斐閣

8) Kenrick, D.T., & Funder, D.C. (1988). Profiting from controversy: Lessons from the person-situation debate. *Am Psychol,* **43** (1), 23-34.

9) Dunbar, R. I. M. (1996). *Grooming, Gossip and the Evolution of Language.* Harvard University Press. 松浦俊輔・服部清美（訳）(1998).『ことばの起源―猿の毛づくろい,人のゴシップ』青土社.

10) Tooby, J., & Cosmides, L. (1990). On the universality of human nature and the uniqueness of the individual: The role of genetics and adaptation. *J Pers,* **58** (1), 17-67.

11) Futuyma, D.J. (1986). *Evolutionary Biology* (2nd ed.). Sinauer Associates. 岸由二他（訳）(1991).『進化生物学』（原書第2版）蒼樹書房.

12) Penke, L. et al. (2007). The evolutionary genetics of personality. *Eur J Pers,* **21** (5), 549-587.

13) 平石界（2011）.「生物・進化理論との関係でみた研究法」. 日本発達心理学会（編）『発達科学ハンドブック2　研究法と尺度』(pp. 186-196) 新曜社.

14) Buss, D.M. (1991). Evolutionary personality psychology. *Annu Rev Psychol,* **42** (1), 459-491.

15) Figueredo, A.J. et al. (2019). The evolution of personality: Building on Buss. In P. Corr (Ed.). *Personality and individual differences: Revisiting the classics* (pp. 191-190). SAGE. 中村菜々子・古谷嘉一郎（監訳）(2021).『パーソナリティと個人差の心理学再入門―ブレークスルーを生んだ14の研究』新曜社.

16) Buss, D.M. (2009). How can evolutionary psychology successfully explain personality and individual differences? *Perspect Psychol Sci,* **4** (4), 359-366.

17) Mealey, L. (1995). The sociobiology of sociopathy: An integrated evolutionary model. *Behav Brain Sci,* **18** (3), 523-599.

18) Maynard-Smith, J. (1982). *Evolution and the Theory of Games.* Cambridge University Press. 寺本英・梯正之（訳）(1985).『進化とゲーム理論―闘争の論理』産業図書.

19) Motro, U. (1991). Co-operation and defection: Playing the field and the ESS. *J. Theor Biol,*

151 (2), 145-154.

20) Kameda, T., & Nakanishi, D. (2002). Cost-benefit analysis of social/cultural learning in a non-stationary uncertain environment: An evolutionary simulation and an experiment with human subjects. *Evol Hum Behav*, **23** (5), 373-393.

玉井颯一・村山　航

Column 1
心 理 統 計

● 心理学における統計の利用

　心理学では，特定の個人のみに当てはまる心の特徴を調べることはほとんどない．「人間」や「特定の疾患をかかえた人」のように研究対象となる人々の集まり（母集団）に共通する心の特徴を描き出そうとする．このとき，「私の経験上，アメリカ人は日本人より外向的である」や「高齢の人ほど睡眠時間が短いと思う」といった主観的な主張は認められない．心理学の目的は，客観的な事実として母集団の心の特徴を示すことであり，何かを主張する時は，実際にデータを収集し，誰もが納得できる根拠とあわせて考えを示さなくてはならない．

　しかし，研究対象となるすべての人からデータを得ることは不可能である．そこで，母集団の一部（標本）を取り出し（抽出），実験や調査，観察，面接を通してデータを収集する．そして，データに含まれる膨大な情報を解釈しやすい形へとまとめる．データがどのような分布を形作っているのか確認し，データ全体の特徴をひとまとめに表した代表値（平均値や中央値，最頻値など）やデータのばらつきを表した散布度（分散や標準偏差など），変数どうしの関連の強さを表した相関係数を計算する．こうして標本から得られたデータの特徴を効率的にまとめることを記述統計という．

　記述統計によってデータの特徴を整理したら，心理学では一般的に統計的検定を実施し，母集団の特性についての仮説が支持できるか考える．さきほど紹介した記述統計は，あくまでも標本から得られたデータの特徴を把握するために用いられる．そのため，記述統計によって，アメリカ人の標本と日本人の標本との間に外向性の差がみられても，アメリカ人全体と日本人全体との間に外向性の差があるとは結論づけられない．なぜなら，標本から得られた数値と母集団の数値が完全に一致するとは考えにくく，それらの間には少なからず"ずれ"（標本誤差）があると考えられるためである．そこで，「アメリカ人は日本人よりも外向的で

ある」や「高齢な人ほど睡眠時間が短い」という母集団に関する仮説を検証するために，母集団の平均値に差があるか，母集団に相関関係があるかを検討する必要がある．こうした仮説を検討するとき，心理学で多く用いられている帰無仮説検定では，「アメリカ人と日本人の外向性には母集団において差がない」や「年齢と睡眠時間には母集団において関連はない」といった研究で扱いたい仮説とは逆の仮説（帰無仮説）を立てる．そして，標本のデータが，帰無仮説とどれほど整合的か（得られたデータが帰無仮説から見て標本誤差の範囲内か）調べる．もし整合的でないなら，帰無仮説を否定（棄却）し，母集団の間に差がある，相関関係があると主張する（「有意である」とよぶ）．

　多くの場合，「帰無仮説が正しいとしたとき，今回の標本で得られた結果及びそれよりも極端な結果が得られる確率」が得られ，これを p 値とよぶ．この p 値が小さいということは，標本から得られた結果は帰無仮説と整合的ではないということである．一般的に，p 値が5%（これを有意水準とよび，研究によっては他の値が使われることもある）を下回っていれば帰無仮説が正しいとはいえないと判断し，差や関連がある（「アメリカ人と日本人の外向性が同じとはいえない」，「年齢と睡眠時間に関連がないとはいえない」）と結論づける．p 値が低いとき，心理統計では「たいへん珍しいことが起こった」と考えるのではなく，「そもそも帰無仮説が正しいという前提が疑わしい」と考えるのである．

◉ 帰無仮説検定の注意点

　帰無仮説検定は，限られた標本から，母集団に関する結論を導くことができる非常に有用な道具である．しかし一方で，利用するうえで配慮しなければならない点が多々ある．

　たとえば，p 値が有意水準を上回ったことが，帰無仮説の正しさを表すと考えてしまう誤りがよく見られる．確かに，p 値が有意水準を下回ると，帰無仮説を棄却し，差や関連があると結論できる．しかし，その逆は成立しない．p 値が有意水準を上回ったことは，帰無仮説を疑う強い根拠がないことを表しているにすぎず，帰無仮説が正しいことを表しているのではない．したがって，p 値が5%をこえても，「差がない（アメリカ人と日本人の外向性が同じ）」や「無関連（年齢と睡眠時間には関連が一切ない）」とはいえない．統計において，差がないことの証明は不可能ではないが，差があることを証明するよりもずっと難しい．

　また，p 値の大きさは，母集団における平均値の差の大きさや関連の強さを直

接的に示すものではない．一般的に，差や関連の強さが同じであっても，標本サイズが変わると p 値も変動する．したがって，p 値がとても小さいとき（たとえば $p = 0.0001$ のとき），「帰無仮説は誤っている」と主張できるが，「大きな差や関連がある」とはいえない．そのため，p 値の大小だけで差の大きさや関連の強さは解釈できない．差や関連の強さがどれくらいの大きさなのか，またそれは意味のある大きさなのかを理解するためには，p 値だけではなく，効果量という指標を合わせて参照する必要がある．

　p 値は，研究者が事前に仮説を持ち，一回限りの分析で差や関連があるかを見たい場合にのみ意味がある．しかし現実には，小さな p 値を得たいがために，研究者が分析結果を見ながらデータを追加したり，データの取得をやめたり，事後的に仮説を変更して，都合のよい結果を得ようとすることがある．近年の心理学では，p 値が 5% を下回っている知見でも，追試をすると結果が再現できないという再現性危機が大きな話題になっている．この問題の背後にはこうした不正（p-hacking とよばれる）が関係していると考えられている．こうした不正を防ぐため，現在の心理学研究では，データを収集する前に「どのような手続きで何名からデータを得るか．どのようにして標本サイズを決めたか．また，どのような仮説を，どのような統計手続きで検討するか」を公開する事前登録が推奨されている．

　このことからわかるように，統計的仮説検定の隠れた問題は，5%という閾値を設定することで，研究者に「閾値を下回ること＝仮説が支持される＝意義のある研究」という幻想をいだかせることである．これは誤りであり，仮説が支持されない結果にも一定の価値があると理解する必要がある．この幻想が問題となったひとつの例として「出版バイアス」というものがある．これは，有意な差や関連がみられた結果ばかりが報告・公表されており，有意な差や関連がみられなかった結果は報告・公表されにくいという“偏り”のことである．

　出版バイアスは，「自我消耗」とよばれる現象を扱った研究において問題となった．古く心理学では，人が自制的にふるまうためには限られた資源（エネルギー）が必要であり，その資源を使い果たす（自我消耗する）と自制心が損なわれると考えられていた[1]．ある論文では，自我消耗を扱った過去 198 件の論文を選び出し，自我消耗が自制心に及ぼす影響は非常に頑健であることが確認されていた[2]．しかし別の研究者が，出版バイアスによって自我消耗の効果が過剰に高く推定されていた可能性を指摘し，それを考慮した分析をし直したところ，実際の自我消

耗の効果はきわめて小さなものであることが示された[3]. いいかえれば, 自我消耗を調べた研究のうち, 統計的に有意な結果がでなかった研究は論文に公表されにくかったため, 公表された論文だけを見ると, あたかも自我消耗が頑健な現象のようにみえたのである. その後いくつもの追試が行われているが, 自我消耗が十分に信頼できるという結論は依然として得られていない[4]. このように, 有意水準を用いることは結果の解釈を容易にする一方, 「有意な結果は公表する, 論文として掲載する」など, 論文の質を判断するための基準としても利用されてしまう恐れがある. その結果, 真偽が不確かな研究知見が世に広がるという事態が引き起こされてしまう.

そして, 母集団からどのように標本を抽出するかも重要な問題である. 推測統計は母集団からランダムに標本を抽出することが前提となっている. しかし実際は, 人間全般について知りたい場合でも, 研究者が容易にアクセスできる標本 (ある大学の学生など) のみを調べることがほとんどである. これでは人間全体に結論を一般化できない. 検定の結果を解釈する際は, 手元の標本から得られたデータがどのような母集団の理解に応用できるのか (一般化可能性) を注意深く考えなくてはならない. これに関連して, 近年, 従来の心理学研究の標本抽出に大きな問題が提起された. それは, これまでの心理学研究が, 西洋で (Western), 一定以上の教育を受け (Educated), 産業化した地域 (Industrialized) で, 豊かに暮らす (Rich), 民主主義社会 (Democratic) の人々 (頭文字をとって **WEIRD** サンプルとよばれる) ばかりを標本としてきたことである[5]. より人間全般への幅広い理解に至るためにも, WEIRD ではない標本を積極的に調べることが今後の研究の課題であろう.

最後に, 心理学における測定の難しさにもふれる. 物の重さははかりで, 物の大きさはものさしで測定できる. しかし心理学では, 直接見たり, ものを当てて測定したりはできない構成概念を扱う. そのため測定では, 「測りたいものを正しく測れているか (妥当性)」や「繰り返し測定しても同じ数値が得られるほど精度よく測定できているか (信頼性)」を考えなくてはならない. 測定の妥当性や信頼性が十分でない場合, 統計的検定によって仮説が支持されても, 本来研究者が希望していた議論はできなくなってしまう. 統計はあくまでも推論の道具であり, その前提である測定が正しくできていないと意味がない.

◉ 統計を用いるということ

　心理学は，人間の行動や感情，考え方，もののみえ方，日々の暮らしで経験する心の問題など，私たちに身近な現象を数多く扱っている．だからこそ，研究者の主観が入り込みやすい．しかし，個人の主観的な主張が受け入れられることは学問として望ましくない．そのため，心理学を含む様々な分野では，客観的な議論を展開するべく統計を利用してきた．また，こうした統計的な考え方が洗練され，それを学ぶことで，見聞きした情報を効率的に理解したり，客観的に評価したりすることが可能となった．

　しかし，これまで紹介したとおり，現在広く利用されている統計的仮説検定には，いくつかの限界も残されている．こうした限界を克服するために，心理学における統計の利用は日々変化を続けている．たとえば，心理学研究において統計結果をどのように報告するべきかの指針も見直されている．また，帰無仮説検定に残された限界を克服しようと，ベイズ統計という別の考え方に依拠した解析を積極的に用いようとする動きもみられる．心理学の研究結果を正しく読み取り，私たち人間が自らについての理解を適切に深めたり，心理学研究を日常生活に正しく応用したりするためには，日々変化を続ける心理統計について学ぶことが心理学の研究者にとっても，心理学を学ぶ者にとっても大きな意味をもつ．

■文　献

1)　Baumeister, R.F., et al. (1998). Ego depletion: Is the active self a limited resource? *J Pers Soc Psychol*, **74**, 1252-1265.

2)　Hagger, M.S., et al. (2010). Ego depletion and the strength model of self-control: a meta-analysis. *Psychol Bull*, **136**, 495-525.

3)　Carter, E.C., & McCullough, M.E. (2014). Publication bias and the limited strength model of self-control: Has the evidence for ego depletion been overestimated? *Front Psychol*, **5**, 823.

4)　Vohs, K.D., et al. (2021). A multisite preregistered paradigmatic test of the ego-depletion effect. *Psychol Sci*, **32**, 1566-1581.

5)　Henrich, J., Heine, S., & Norenzayan, A. (2010). The weirdest people in the world? *Behav Brain Sci*, **275**, 793-796.

三船恒裕

Chapter 8
進化心理学と社会

　ヒトは他の動物と比較しても非常に大きな社会を形成するという特徴をもつが，それを可能にするのがヒト特有の社会性だと考えられている．ヒトは他個体とときには争い，ときには協力し合うことができる．こうしたヒト特有の社会性を支える心理メカニズムを明らかにしてきたのが社会心理学であり，社会心理学と進化心理学との融合によって解明が進んだヒトの社会性のひとつが集団間バイアスである．ヒトは一見して意味のないような集団においても，自分が所属する集団の人たちに対して協力するバイアスをもつ．これは間接互恵性という「お互い様」の原理に基づいて生じる．一方で，一部の進化理論が予測する，自分が所属しない集団の人たちに対する攻撃的な傾向は，現実の人々を対象にした実験では観察されない．現在までの科学的知見に基づけば，ヒトが集団状況において進化的に獲得した傾向は間接互恵性に基づく集団内への利他性であり，集団間の攻撃性ではない．

◉ 8.1　利他行動の進化

　社会心理学では人と人とがかかわり合う場面，すなわち社会的な場面における心理の解明を目指してきたが，そこで扱われるトピックは多岐にわたる．その中には進化心理学との結びつきが強いものもあり，社会的認知とのかかわりは第4章（進化心理学と認知），道徳心理とのかかわりは第11章（進化心理学と道徳），攻撃行動とのかかわりは第14章（進化心理学と犯罪）においてそれぞれ紹介されている．本章では集団場面の心理の中でも特に集団間バイアスに焦点を当て，進化心理学との結びつきを紹介する．

　社会心理学の集団間バイアス研究は，非血縁個体間の利他行動の進化を説明する間接互恵性理論を取り入れることで急速に進展した．そこでまずは利他行動の進化の謎と間接互恵性理論について説明しよう．

　利他行動とは行為者がコストを支払って他個体の利益を増やす行動だと定義される[1]．社会心理学においても利他行動は援助行動や向社会的行動のひとつとして扱われ，多くの研究を生み出してきた[2]．ただし，社会心理学の研究では，援助行動（利他行動）を行うためには自身がコストを支払う必要があるという側面に関してはあまり注目されてこなかった．そのため，社会心理学では「なぜ人々は（助けが必要な場面で）他者を助けないのか」という観点がおもなものであったように思われる．一方，進化心理学ではコストの側面を重視することによって「（そもそも）人々はなぜ他者を助けるのか」という，ある意味で社会心理学とは逆の観点を提供した．コストを支払うということは自身の適応度が低下する可能性があり，したがって，その支払ったコストよりも大きな利益が得られなければ利他行動は進化せず，現在のヒトも利他行動を示さないはずである．それにもかかわらず，実際には人々は様々な場面で利他行動を示している．では，その利他行動はどのように進化的に説明できるのだろうか．

　利他行動の進化を説明する前に，利他行動が行われる場面を表現する方法のひとつである，**囚人のジレンマゲーム**（prisoner's dilemma game）を紹介したい．今，あなたが見知らぬ人（Aさん）との間で利他行動を行うか否かを決める状況を考えてみよう．あなたもAさんもお互いに1000円ずつもっているとする．このお金を相手に渡すか否かを決めるのだが，相手に渡すと自分の手元に残るお金は0円になる代わりに，相手が受け取る利益は2000円となると仮定しよう．これは自分にとっては少しのコストが相手にとっては大きな利益となる状況を模している．このルールはあなたもAさんも同じである．さて，この状況でお互いに相手に渡すか否かを決めるとき，何が生じるだろうか．もちろん，お互いに相手に1000円を渡し合えばお互いに2000円を得ることができる．しかし，あなたがAさんに渡したのにAさんがあなたに渡さなければあなたの利益は0円になる．一方，Aさんが渡したのにあなたが渡さなければあなたの利益は3000円になる．お互いに渡さなければもともとの1000円をそのままもらって終了となる．これはゲーム理論という経済学の一分野で用いられてきたゲームのひとつであり，囚人のジレンマゲームとよばれている．

　適応の原則に従えば，個体の生存確率を高める行動，すなわち個体の資源（利益）を高める行動が進化すると予測される．囚人のジレンマゲームにおいて個体の利益を高める行動とは何だろうか．Aさんの行動に基づいて考えてみよう．もしAさんがあなたにお金を渡してくれるなら，あなたはAさんにお金を渡す

よりも渡さないほうが利益が大きくなる．もし A さんがお金を渡してくれない
なら，あなたも A さんにお金を渡さないほうが渡すよりも利益が大きくなる．
つまり，囚人のジレンマゲームではお金を渡さない，つまり利他行動を行わない
ほうが適応的だと考えられる．しかし，現実の人間は囚人のジレンマゲームでも
利他行動を示すことが多くの実験で示されている[3]．では，いったい，どのよう
な仕組みによって利他行動は進化可能となったのだろうか．

　囚人のジレンマゲームのように一対一の関係性での利他行動が進化可能となる
条件を示したのが**直接互恵性**（direct reciprocity）または**互恵的利他主義**（re-
ciprocal altruism）とよばれる理論である[4]．もう一度あなたと A さんが 1000
円を相手に渡すかどうかという状況を考えてみよう．上記と同じように相手に渡
すと 2 倍の金額になるが，ここではあなたが決定し，相手が次に決め，その次は
あなたというように，順番に決定を繰り返す状況を想像してほしい．もし A さ
んが非協力には非協力を，協力には協力をと互恵的にふるまうならば，あなたは
非協力して 1000 円を手元に残しておくよりも，相手に 1000 円を渡して（つまり
協力して），その後相手からも 1000 円を渡してもらい（つまり協力してもらい），
お互いが 2000 円を得るほうが得である．このことは A さんにも当てはまり，あ
なたが互恵的にふるまうならば A さんも互恵的にふるまったほうが得である．
つまり，利他行動をした相手が直接利他行動を返してくれるならば，利他行動は
適応的，すなわち進化可能となる．この理論では，この直接互恵性が生じて利他
行動が適応的となる条件として，過去に自分に対して利他行動をした個体を見分
ける能力の存在や，一対一の関係性が十分長く続くことなどの条件があげられて
いる．

　ところが，人々は一対一の関係性を超えた利他行動も身につけている．献血を
したり，遠く離れた地で災害にあった被災者に寄付をするなど，直接会うことは
ないであろう人に対しても利他行動を行う．こうした利他行動を説明しうる理論
のひとつが間接互恵性理論である[5]．**間接互恵性**（indirect reciprocity）とは，
利他行動を行った相手が自分に利他行動を返してくれるという直接互恵ではな
く，第三者を介して利他行動が返ってくるという互恵性のことを意味する．この
互恵性が成り立つためには人々が，誰が利他行動をしていて，誰が利己的行動を
しているかを区別し，利他行動をする人に対して選択的に利他行動をするという
戦略を採用する必要がある．この戦略を成立させるために重要なのが評判であ
る．たとえば，被災者に寄付をするという場面では，寄付をしても将来，寄付を

受け取った人から直接なんらかのお返しを受ける可能性はほぼないだろう．つまり，直接互恵性は働きにくい．しかし，そのようにして誰かを助けるという行動をしている人は他の人から「あの人は良い人だ」という評判を得る可能性がある．そして，「良い」評判を得ている人は「悪い」評判を得ている人よりも将来誰かから助けてもらえる可能性が高くなる．これが間接互恵性によって他者への利他行動が適応的となるメカニズムである．つまり，誰が利他主義者で誰が利己主義者なのかという情報を評判として人々が獲得・共有し，その評判情報に基づいて利他行動を行うことで，間接互恵性が成り立ち，見知らぬ他者に対する利他行動も適応的となる．

一対一の関係をこえた利他行動を説明しうる，もうひとつの理論が**複数レベル淘汰理論**（multilevel selection theory）である[6]．複数レベル淘汰理論では個体単位の適応度のバラツキと集団単位の適応度のバラツキを分けたうえで，集団単位の適応度の上昇効果が個体単位の適応度の低下効果を上回る場合に，集団内への利他行動が進化可能だと主張する．個体単位の適応度のバラツキとは，集団内での個体間の適応度の違いを意味する．通常，ヒト以外の生物では個体単位の適応度の違いのほうが集団単位のそれよりも大きく，したがって集団内への利他行動は進化しにくい．しかし，ヒトは一夫一婦制や集団内への同調傾向，あるいは戦争といった要因によって個体単位よりも集団単位の適応度の違いが重要となった可能性がある．この複数レベル淘汰のメカニズムによって，ヒトは集団内への利他行動を進化させた，と主張される．

集団内への利他行動は社会心理学では**集団間バイアス**（intergroup bias）とよばれ，多くの研究を生み出してきた．そして，集団間バイアスの研究は一見して，複数レベル淘汰理論を支持する知見を生み出してきたとも解釈できる．そこで，次節からは社会心理学における集団間バイアス研究を紹介したい．

◉ 8.2 最小条件集団における集団間バイアスと社会的アイデンティティ理論

集団間バイアスとは，本人が所属する内集団に対しては好意的・協力的にふるまい，その一方で所属しない外集団に対しては競争的・攻撃的にふるまう傾向のことをさす．社会心理学は集団間バイアスに関する長い研究の歴史をもつ[7]．そのなかでも特徴的な研究として，集団間を区別する合理的な理由がないと思われる場合にも，人々が内集団には協力し，外集団には攻撃するという傾向を示した

実験がある．それが最小条件集団実験である[8]．最小条件集団実験では実験参加者は，たとえば画面に表示される2つの絵のうちのどちらか好きなほうを選ぶという作業を繰り返し行う．その後，参加者が見ていた絵のうち，ひとつはクレーという画家が描いた絵で，もうひとつはカンディンスキーが描いた絵だと説明され，「あなたはクレーの絵を好む回数が多かったのでクレー集団に所属する」あるいは「あなたはカンディンスキーの絵を好む回数が多かったのでカンディンスキー集団に所属する」と説明される．このように，実験室内において些細な基準で分けられた集団のことを最小条件集団とよぶ．その後，参加者はたとえば500円をクレー集団のひとりとカンディンスキー集団のひとりとの間で分配する．こうした実験の結果，例えばクレー集団の参加者はクレー集団の他者に300円，カンディンスキー集団の他者に200円というふうに，外集団よりも内集団に対して多くお金を分配する傾向が見られた[9]．これが最小条件集団における集団間バイアスである．

　最小条件集団には現実の集団がもつ様々な特徴が存在しない．たとえば「クレー集団とカンディンスキー集団の間には100年に及ぶ戦いの歴史がある」ということもないし「クレー集団の人間は乱暴な人たちばかりだ」というステレオタイプもない．このように，おおよそ集団間を区別する理由が見当たらないのが最小条件集団の特徴である．それでもなお集団間を区別し，内集団に対しては好意的に，外集団に対しては敵対的に行動するのであれば，それは人々の心の働きにこそ，その行動の原因があると考えられた．その心の働きをアイデンティティという側面から説明したのが**社会的アイデンティティ理論**（social identity theory）である[10]．

　社会的アイデンティティ理論では，まず，人々は自己のあり方として個人的アイデンティティと社会的アイデンティティの二つの側面をもつと仮定される．すなわち，個人が他の個人と区別される特徴に基づく個人的アイデンティティと，個人が所属する集団が他の集団と区別される特徴に基づく社会的アイデンティティ（あるいは集団アイデンティティ）である．個人が他者と個人的にかかわる場面では自分自身の好みや特徴など，「私は何者か」という個人的アイデンティティが機能する．一方，個人がその所属集団に基づいて他の集団の人とかかわる場面では「私たちは何者か」という社会的アイデンティティが機能する．人々は日常生活において，直面する場面ごとにそれぞれのアイデンティティを働かせて生活している．一方，最小条件集団という特殊な状況では，個人は個人として識別さ

れず，所属集団の情報のみが使用可能となる．したがって，最小条件集団状況で
は個人的アイデンティティは機能せず，社会的アイデンティティのみが機能す
る．社会的アイデンティティの側面においても，人々は自尊心を維持・高揚させ
るように動機づけられるため，最小条件集団では内集団を外集団よりもポジティ
ブな状態にしようと動機づけられる．このとき，課題として与えられている方法
（たとえば報酬を分配する課題）を用いて，相対的に外集団よりも内集団を優遇
し，ポジティブな状態にすることで社会的アイデンティティの側面における自尊
心を維持・高揚しようとする．これが最小条件集団の集団間バイアスに対する社
会的アイデンティティ理論からの説明である．社会的アイデンティティ理論は集
団間関係を説明する最も有力な理論とみなされ，その後，集団状況における心理
を説明する一般理論へと発展し[11]，現在でも社会心理学で妥当性を広く認めら
れた理論のひとつだとみなされている．

◉ 8.3 社会的アイデンティティ理論と複数レベル淘汰理論

　最小条件集団における集団間バイアスは 5 歳から 70 歳までの幅広い年代にお
いて，また，様々な文化圏において観察されている[12-14]．このことは，ヒトが
集団間バイアス傾向を進化的に獲得した可能性を示している．では，集団間バイ
アスを生じさせる心の働きには一体，どのような適応的機能があるのだろうか．
　集団間バイアスの適応的機能を説明する進化理論の候補は複数考えられるが，
特に社会的アイデンティティ理論が想定する心理メカニズムと親和性が高い進化
理論が複数レベル淘汰理論である．先述のとおり，複数レベル淘汰理論で想定さ
れる進化環境では集団単位として内集団が外集団よりも多くの資源を獲得するこ
とが適応的であり，集団内での自己利益を追求して内集団全体の資源を減らす
（このことはしばしば集団間の競争力を低下させる）のは適応的ではないことに
なる．これは個人が社会的アイデンティティの側面で自己定義をすると，自己利
益と内集団利益が交換可能なものと認識されるという，社会的アイデンティティ
理論の主張と符合する．つまり集団間バイアスは，複数レベル淘汰理論が仮定す
るメカニズムに基づく進化プロセスによって身に付いた，社会的アイデンティ
ティの働きによって実現する適応行動である，という可能性が考えられる[15]．

◉ 8.4　閉ざされた一般互恵性理論と間接互恵性理論

　山岸俊男らの研究グループは，複数レベル淘汰理論ではなく，間接互恵性理論を集団内への利他性へと適用した，**閉ざされた一般互恵性理論**（bounded generalized reciprocity）によって集団間バイアスを理解できると主張した[16]．閉ざされた一般互恵性理論では，人々は間接互恵性が働く範囲を集団だと直観的に認識している，と仮定する．「集団」という言葉には様々な意味やイメージが付属するが，人々が「集団」に対していだく重要で素朴な意味・イメージとは「お互い様」の原理が働き，助け，助けられる関係性だろう．言い方を変えると，個人的には知らない人でも助けようと思ったり，助けないとならないなと思ったりする関係性こそが「集団」であると人々は認識している．

　このように考えると，最小条件集団における集団間バイアスに対して社会的アイデンティティ理論とは異なる予測が導かれる．ひとつは協力の期待の重要性である．繰り返すようだが，閉ざされた一般互恵性理論では，人々は集団内の成員どうしで助け合うものだと認識している．たとえ相互作用を行う相手が直接お返しをしてくれなくても，内集団メンバーであれば誰かが助けてくれることを期待できる．この期待に基づいて内集団バイアスが生じると予測するのが期待仮説である．一方，社会的アイデンティティ理論では期待の働きを重視しない[17]．社会的アイデンティティ理論では他者が内集団に所属しているのか，外集団に所属しているのかといった認識自体が重要であり，その他者が自分に対してどう行動すると予測するかは本質的には重要視されていない．

　集団間バイアスが生じる条件として協力の期待が働くことが重要なのか否か．それまで誰も考え付かなかった実験操作によって初めて検証したのが神と山岸による実験[18]である．彼らの実験では参加者を最小条件集団に分類したうえで，相手が内集団と外集団のどちらに所属しているかという情報と，その相手が参加者の所属集団を知っているかどうかという情報（知識の共有性）を操作した．そのうえで参加者に囚人のジレンマゲームを行わせたところ，相手が自分と同じ集団に属していることを知っている知識共有条件では集団間バイアスが生じた．一方，相手が自分の所属集団を知らず，またそのことを自分は知っている知識非共有条件では集団間バイアスが生じなかった．その後，他の多くの研究によっても知識共有条件でのみ集団間バイアスが生じることが確かめられている[19]．

　なぜ所属集団の知識を共有しない状況になると集団間バイアスが消失するのだろうか．それは協力の期待が働かなくなったためだと考えられている．相手が内集団成員であっても，その内集団の相手が自分のことを内集団成員だと認識していない場合，相手は「内集団の人だから」と思って協力することができない．このことを理解している参加者は，内集団の相手であっても自分に対する協力を期待することができず，したがって「お互い様」の原理が働かない状況であることが明確になる．すると，相手が内集団成員か外集団成員かということが意味をもたなくなり，集団間バイアスが生じない．したがって，知識の共有性を操作した実験の結果は社会的アイデンティティ理論を支持せず，閉ざされた一般互恵性理論を支持している．

　期待の働かない状況における集団間バイアスに対しても，閉ざされた一般互恵性理論は社会的アイデンティティ理論とは異なる説明を与えている．それが評判仮説である．前述したとおり，閉ざされた一般互恵性理論では，人々は間接互恵性の働く範囲を集団だと認識すると仮定する．間接互恵性が成り立つ関係性では，個々人は他者が利他的なのかそうではないのかという評判情報に基づいて利他行動を行うことが適応的となる．ここから，人々は集団内にまわりうる評判情報に敏感に反応し，自分自身が利己主義者だと集団内の成員に評価されないように，内集団メンバーには利他的にふるまう，という予測が導かれる．これが評判仮説である．

　評判仮説は**独裁者ゲーム**（dictator game）を用いて検証されている．独裁者ゲームでは実験参加者は他の参加者と2人1組になり，1人が分配者，もう1人が受け手の役割に割り振られる．分配者は実験者から元手となるお金を受け取り，それを自分自身と受け手との間で分配する．分配者はお金を自由に分配できる．すべてを自分のものにしても，すべてを受け手のものにしても，平等に分けてもかまわない．受け手は分配者から分配されたお金を受け取るのみで，何もすることはない．受け手が分配者に協力することがありえないため，分配者にとっては協力の期待が働かない状況である．山岸と三船は，受け手が分配者の所属集団を知っているか知らないかという所属集団の知識（知識の共有性）を操作した．受け手にとって「分配者は内集団の人だ」とわかる状況では，自身の利己的な行動が集団内の悪評につながるため，分配者は外集団よりも内集団に対して多く分配するだろう．一方，「分配者はどちらの集団かわからない」という知識非共有条件では内集団の受け手に利己的に分配してもそれが「内集団の分配者が利己的

に行動した」という悪評につながらないため，集団間バイアスが生じないだろう．評判仮説に基づくこれらの予測は山岸と三船の実験によって支持されている[20]．こうした集団間バイアスの生起パターンは，従来の社会心理学研究に対して，間接互恵性という進化理論の観点を導入することでみえてきた新たな知見だといえるだろう．

◉ 8.5 外集団攻撃の謎

閉ざされた一般互恵性理論は内集団成員へ利他的にふるまう心理を説明するが，外集団成員に対して攻撃的にふるまう心理については説明していない．戦争のような集団間の争いの心理を明らかにするためには，内集団への利他性のみならず，外集団への攻撃性をも説明しなければならないだろう．しかし，社会心理学においても進化心理学においても，外集団への攻撃性が生じる条件は未だ解明されていない．

最小条件集団を用いた研究では攻撃的な集団間バイアスは生じないことが繰り返し示されてきた[21]．ただし，それら社会心理学の研究では自身にコストのかかる行動はほとんど扱われていない．それに対して，進化シミュレーションや考古学的なデータ分析から[22,23]，ヒトは内集団への利他性と共に外集団への攻撃性を進化的に獲得したという主張がある．これは**偏狭な利他主義**（parochial altruism）とよばれ，特にコストのかかる行動を分析対象として検証されている．

進化論に基づく外集団への攻撃性を測定するにはコストのかかる行動を測定する必要がある．そこでいくつかのゲーム実験が開発された．たとえば，**集団間囚人のジレンマ・差の最大化ゲーム**（intergroup prisoner's dilemma-maximizing difference game）である[24]．このゲームでは参加者は例えば 3 人ずつの集団にランダムに振り分けられたうえで，実験者から与えられた元手のうち，いくらを手元に残すか，集団内プールに投資するか，集団間プールに投資するかを決定する．手元に残したお金はそのまま自分の報酬となる．集団内プールに投資した金額は 2 倍の金額になり，3 人の集団成員に対して平等に分配される．集団間プールに投資した金額も 2 倍になり，3 人の集団成員に平等に分配されるが，投資した金額と同じ金額が他の集団成員 3 人から平等に差し引かれる．このゲームではすべての元手を手元に残すのが最も個人的利益を高める選択になる．よって集団内プールへの投資はコストを支払って内集団の利益を増進する行動である．そし

て，集団間プールへの投資は集団内プールと同様に内集団への利他行動であると
同時に，外集団への攻撃行動でもある．これによって外集団への攻撃が生じるか
を確かめる研究がなされたが，多くの研究で外集団攻撃が生じないことが示され
ている[25]．その他にも様々なゲームを用いて外集団への攻撃行動が測定されて
いるが，そのほとんどにおいて単なる集団分け（たとえば，最小条件集団）だけ
では外集団への攻撃行動が生じないことが示されている[26]．

　内集団への利他性が生じるのと同じ条件では外集団への攻撃性は生じない．で
は，外集団成員に対する攻撃行動が生じる必要最小限の条件とは何だろうか．こ
れは，戦争のような悲惨な現象も生じうる集団間葛藤問題を理解するうえで重要
な問いであろう．ヒトは進化の過程で外集団への攻撃性を身につけたのか．身に
つけたとしたら一体どのような進化のメカニズムで身につけたのか．あるいは，
外集団への攻撃性をヒトが進化的に身につけたとはいいがたい場合，どのような
社会的な条件が外集団への攻撃性を誘発するのか．外集団への攻撃性が生じる最
小条件を明らかにすることも含め，これらは社会心理学と進化心理学が共同で解
明すべき問いである．

■文　献

1) 小田亮（2011）．『利他学』新潮社

2) 菊池章夫（2018）．『もっと／思いやりを科学する』川島書店

3) Hayashi, N., et al. (1999). Reciprocity, trust, and the sense of control: A cross-societal study. *Ration Soc*, **11**, 27-46.

4) Trivers, R.L. (1971). The evolution of reciprocal altruism. *Q Rev Biol*, **46**, 35-57.

5) Nowak, M.A., & Sigmund, K. (1998). Evolution of indirect reciprocity by image scoring. *Nature*, **393**, 573-577.

6) Wilson, D.S. (2019). *This View of Life*. Pantheon Books. 高橋洋（訳）（2020）．『社会はど
う進化するのか』亜紀書房．

7) Taylor, D.M., & Moghaddam, F.M. (1994). *Theories of Intergroup Relations*. Greenwood
Publishing Group. 野波寛・岡本卓也・小杉考司（訳）（2010）．『集団間関係の社会心理学』
晃洋書房．

8) Tajfel, H. (1970). Experiments in intergroup discrimination. *Sci Am*, **223**, 96-102.

9) Brewer, M.B. (1979). In-group bias in the minimal intergroup situation: A cognitive-
motivational analysis. *Psychol Bull*, **86**, 307-324.

10) Tajfel, H., & Turner, J.C. (1979). An integrative theory of intergroup conflict. In W.G.
Austin & S. Worchel (Eds.), *The Social Psychology of Intergroup Relations* (pp. 33-47).
Brooks/Cole.

11) Hogg, M.A., & Abrams, D. (1988). *Social Identifications: A Social Psychology of Intergroup Relations and Group Processes.* Routledge. 吉森護・野村泰代 (訳) (1995). 『社会的アイデンティティ理論─新しい社会心理学体系化のための一般理論』北大路書房.

12) Dunham, Y., Baron, A.S., & Carey, S. (2011). Consequences of "minimal" group affiliations in children. *Child Dev,* **82** (3), 793-811.

13) 三船恒裕・山岸俊男. (2015). 内集団ひいきと評価不安傾向との関連─評判維持仮説に基づく相関研究. 社会心理学研究, **31** (2), 128-134.

14) Yamagishi, T., et al. (2008). Exchanges of group‐based favours: Ingroup bias in the prisoner's dilemma game with minimal groups in Japan and New Zealand. *Asian J Soc Psychol,* **11** (3), 196-207.

15) Wilson, D.S., Van Vugt, M., & O'Gorman, R. (2008). Multilevel selection theory and major evolutionary transitions. Implications for psychological science. *Curr Dir Psychol Sci,* **17**, 6-9.

16) Yamagishi, T., Jin, N., & Kiyonari, T. (1999). Bounded generalized reciprocity: Ingroup boasting and ingroup favoritism. *Adv Group Process,* **16**, 161-197.

17) De Cremer, D., et al. (2008). Cooperating if one's goals are collective-based: social identification effects in social dilemmas as a function of goal transformation. *J Appl Soc Psychol,* **38**, 1562-1579.

18) 神 信人・山岸俊男 (1997). 社会的ジレンマにおける集団協力ヒューリスティクスの効果. 社会心理学研究, **12**, 190-198.

19) Balliet, D., Wu, J., & De Dreu, C.K.W. (2014). Ingroup favoritism in cooperation: A meta-analysis. *Psychol Bull,* **140**, 1556-1581.

20) Yamagishi, T., & Mifune, N. (2008). Does shared group membership promote altruism? Fear, greed and reputation. *Ration Soc,* **20**, 5-30.

21) Mummendey, A., & Otten, S. (1998). Positive-negative asymmetry in social discrimination. *Eur Rev Soc Psychol,* **9**, 107-143.

22) Bowles, S., & Gintis, H. (2011). *A Cooperative Species.* Princeton University Press. 竹澤正哲ほか (訳) (2017). 『協力する種』NTT 出版.

23) Bowles, S. (2009). Did warfare among ancestral hunter-gatherers affect the evolution of human social behaviors? *Science,* **324** (5932), 1293-1298.

24) Halevy, N., Bornstein, G., & Sagiv, L. (2008). "In-group love" and "out-group hate" as motives for individual participation in intergroup conflict‐A new game paradigm. *Psychol Sci,* **19**, 405-411.

25) Yamagishi, T., & Mifune, N. (2016). Parochial altruism: Does it explain modern human group psychology? *Curr Opin Psychol,* **7**, 39-43.

26) Mifune, N., Simunovic, D., & Yamagishi, T. (2017). Intergroup biases in fear-induced aggression. *Front Psychol,* **8**, 49.

小林春美

Chapter 9
進化心理学と言語

進化の観点から言語を捉えることは，言語の研究に多大な影響を与えている．ノーム・チョムスキーは，ヒトには言語が生得的に備わっており，他者は生得的に備わった言語を発現させるためのデータを発話により提供するだけだと考えていた．つまり他者との相互作用そのものが言語形成に影響を与えるとは考えていなかった．しかし進化的適応環境においてヒトが社会性をもつことがきわめて重要であったことが認識されるようになり，社会的認知が言語の出現と進化に，ひいては現代のヒト言語に見られる特徴に顕著な影響を与えていることが主張されるようになっている．本章では，進化の考え方がヒトの言語とコミュニケーションの考え方に本質的な影響を与えていることを，特にポール・グライスの理論とスペルベルとウィルソンの関連性理論の主張を中心として述べる．

◉ 9.1 生成文法理論の考え方

20世紀の知の巨人とも称される言語学者ノーム・チョムスキー[1,2]（Chomsky. N.）は，それまでの伝統的な言語学や構造主義的言語学，さらに行動主義心理学による言語へのアプローチとはまったく異なる，新しい言語研究の目標を打ち立てた．それは，言語の構造を明らかにすることにより，人間の知性を明らかにする，という目標であった．このことは，言語や言語研究に対する学術的関心のあり方を一変させた点で意義深い．言語研究は，チョムスキー以前では，それぞれの個別文法の詳細を明らかにしたり，個別言語間での系統的関係を考えたりするなど，個別言語の現象をひたすら記述することに向けられていた．しかしチョムスキーは，言語研究における最重要課題は，人間が内的にもつとする言語（**I言語**; I-language とよぶ）が何かを明らかにすることであり，どう産出されるかを明らかにすることではない，と主張した．

チョムスキーによれば，ヒトは脳に言語が備わった状態で生まれてくる．ここ

で言語といっているのは，思考のために使われる I 言語のことであり，**普遍文法**
（Universal Grammar; UG）により記述することができる．UG の基本のひとつと
して，「S → NP VP」がある．S とは**文**（sentence），NP とは**名詞句**（noun
phrase），VP とは**動詞句**（verb phrase）のことであり，世界に存在するすべて
の個別言語は，この UG から生み出されたとする．たとえば個別言語のひとつで
ある英語では，動詞句はさらに動詞と名詞句（VP → V NP）という順序でおき
かえられ，実際の単語が付与されて産出される．日本語では動詞句は名詞句と動
詞（VP → NP V）という順序でおきかえられ，同様に単語が付与されて産出さ
れる．チョムスキーはさらに**生成文法理論**（generative grammar）を創始し，
肯定文，否定文，疑問文などあらゆる文が UG からどのような変形を経て生成さ
れるかを示し，さらに子どもが自分の母語を学ぶしくみをもこうした構造から明
らかにしようとした．

　チョムスキーの理論は当初の句構造理論から活発な発展を遂げた．原理とパラ
メータのアプローチなども経て現在は "merge only theory" ともよばれる，文
生成は**併合**（merge）によりすべて説明できるという，よりシンプルな理論へと
変化してきている[3]．しかしその基本は変わっていないとみられる．それは人間
の言語発達において，他者の影響を最小限としていることである．他者つまり子
どもを育てている親などは，言語を子どもの前で話すことにより，子どもが自分
の母語をどのようなタイプのものだと発見するかについてデータを提供する．た
とえば英語のような，動詞句が動詞，名詞句からなるタイプか，あるいは日本語
のような，動詞句が名詞句，動詞からなるタイプか，などを判定できる言語入力
を与える．あとは子どもの脳にもともと備わった文法が発現していく．

　チョムスキーにとって，文はその構造がどのようなものであるかが重要であ
り，文の意味にはさほど学術的関心がなかったようにみえる．文の意味は，ヒト
の脳に収められている語彙部門から情報の提供を受け，その文が産出される文脈
とは独立に同定できると考えていた．文脈の情報を文の意味を考えるときに考慮
することは，人が実生活で文を適用する際に必要に迫られて行うという，単なる
運用の問題にすぎないとし，これは脳における文の構成が中心的問題であること
に比べると，はるかに周辺的で些末な問題にすぎないと考えていた．普遍文法を
構成するような脳における神経学的根拠は存在するはずであり，未だ明らかとな
っていないが，いつかは特定できるだろうとも予想していた．言語運用の問題を
これほどに軽視していた理由は，チョムスキーが言語をあくまで思考の道具（あ

るいは思考そのものの表現）と考えていたからであり，コミュニケーションの道具と考えるもう一方の考え方をまったく受け入れていなかったことからくると考えられる．

● 9.2　群れ社会への適応とコミュニケーションの道具としての言語

　言語の役割を思考の道具とする考えは，生成文法理論を中心とする言語学者に多く見られる一方，言語の役割はコミュニケーションの道具であるとするのは，心理学者や動物行動学者に多い考え方である．言語とはコミュニケーションの道具である，という考え方は，進化の過程を重視した考え方に強くつながるものである．群れ社会への適応という概念が進化心理学における重要な概念のひとつとなっているが，これこそが，社会的認知の進化を強力に推進するものであったことが人類学の分野で主張されている．

　ロビン・ダンバー（Dunbar, R.I.M.）は，霊長類の大脳新皮質の容量が，群れサイズと比例することを示し，霊長類の大脳新皮質の増大は，群れの大きさが大きくなるにしたがって他の個体との相互作用の複雑さが増大したために生じたと主張した[4-6]．ダンバーはさらにこの**社会脳**（social brain）の考え方をヒトにもあてはめた．これまでヒトの脳の増大は，採食スキルの向上や，発明を行うこと，広範囲に移動することにより起きた，などとする説が唱えられてきたが，これに対しヒトの脳の増大は主として他者とコミュニケーションを行うためだったとした．ヒトはその社会性が霊長類のなかでも際立って進化した種であることを考えると，妥当な考え方と言えよう．

　霊長類のなかでもヒトは言語を使った会話によって相互作用を多く行っている．現在対話研究が盛んになって久しいが，ヒトの会話は実は膨大な**共通基盤**（common ground）といわれる知識のもとに成り立っている．ハーバート・クラーク（Clark, H.H.）[7]は，会話における共通基盤には，**社会的共通基盤**（communal common ground），**個人的共通基盤**（personal common ground），**会話的共通基盤**（incremental common ground）の三つがあると指摘した．ここで社会的共通基盤とは，ショッピングセンターとはどういう場所であるか，16歳ぐらいの人はどのような教育機関で教育を受けているか，というような，ある社会の成員であれば誰でももっているような知識をさす．個人的共通基盤とは，ある人と他の人がある経験を共有しているか，たとえば同じ大学の入学式で出会った経

験や，友人と2人でディズニーランドに出かけたときの経験に関する知識などを
さす．これらに対し，きわめて短時間かつ時々刻々と形成されるのが，会話的共
通基盤であり，直近の会話の内容に基づく知識をさす（たとえば，試験の日程に
ついて会話の冒頭で教えてもらった知識，直前に会話の相手が話題にしていたペ
ットのこと）．人はどんなに単純な会話をするときでも，こうした共通基盤の知
識を動員する．たとえば，外を見た友人が「雨降ってるよ」と言ったとき，雨が
降っているときに戸外を歩くと濡れてしまう，雨が降ると人は普通傘をさしてい
く，という社会的共通基盤の知識や，雨が降っているとこの友人は気が滅入ると
言ってこれまで外出を億劫がっていた，という個人的共通基盤の知識，さらには
「ちょっと散歩行かない？」という自分の発話が直前にあったという会話的共通
基盤の知識が動員されて解釈されることになる．ここで共通基盤の知識を参照す
ることがいかに膨大な認知的資源を要することか考えてみる．これまでの雨が降
ったときのこの友人との会話を瞬時に参照し，「ゲームばかりしてると体がなま
るね．ちょっと散歩行かない？」という会話の流れも参照したうえで，「雨降っ
てるよ」という友人のことばを解釈することになる．友人のことばは，一見戸外
の状態の報告にすぎないように見えるが，それにとどまらず，「雨が降っている
ところを歩くと気が滅入るから散歩に行きたくない」という意味を伝えているの
だろう，と推測しなければならない．たった一人の人間が相手でも，会話におい
てこのように脳を使わなければならない．ここで自分以外に友人がA，Bの2人
いたとすると，会話は異なる調整がされることになる．自分が所属する群れ（社
会的グループ）がたとえば100人ともなれば，ある会話に参加するために考慮す
べき他者の数と，自分との相互作用に関する履歴も増える．記憶し，想起し，処
理する情報量はきわめて膨大になるであろう．

　「雨降ってるよ」という発話は，チョムスキー流の考えからすれば，「雨が降っ
ている」という，自然現象の記述だけをしている文といえる．文の意味は，文の
構造と，それぞれの単語がもつ意味やその組み合わせから，導き出すことができ
る．その発話が起こる文脈を考慮する必要は原則ない．文自体の意味は文脈から
独立して存在できるからである．しかし，先の例を考慮すると，「雨降ってるよ」
という発話が伝える意味は，実は多様にありうる．「雨が降っているから行きた
くない」「雨が降っているから傘を持っていこう」「雨が降っているから洗濯物を
取り込んで欲しい」「雨が降っているから洗車したのに無駄になった」など，直
前の会話や会話が起きた文脈によって，多様な意味の可能性があるのだ．発話を

聞いた人は，音声ではまったく言われてもいないことが，あたかも言われたかのように答え，ふるまう．「外行かなくていいよ」「傘持っていこうね」「わかった，取り込んどくよ」「そうか，残念だねえ」などと．

● 9.3　語用論の能力

　なぜこのようなことが可能となるのか．それはヒトが言語の表面的な特徴すなわち音声で表現されている発話文やそこに示されている**字義的意味**（literal meaning）を飛び越えて，直接話し手の**心の読み取り**（mind reading; 読心という語は「読心術」という語に通じ誤解を生じさせる可能性が考えられるので，ここでは心の読み取り，という語を使うことにする）を行っているからにほかならない．伝統的な言語学における語用論という領域は，一般に音声（音韻），語彙（語意も含む），文法（統語論・形態論）に続く第4の（圧倒的に学術的注目度の低い）いわば周辺的領域と考えられており，言語の社会的使用などとおおまかに称されることが多い．基本的に言語とは音声の塊である単語に意味が付与され，それがある規則のもとに時系列に連なって文を構成し，それが会話の場面で調整されて産出されると考える．たとえば目上の人に対する敬語の使用や，適切に「です・ます」で話すことなどである．言語の社会的使用というと，この敬語の使用に代表されるような，もともとある意味をもつ文を状況に合わせてうまく調整して使いこなす能力のことのように解釈されるかもしれない．しかし実は現在考えられているヒトの語用論の能力は，種々の言語運用場面における社会的調整をこえ，はるかに広い言語・コミュニケーションに関する能力をさしている．特に言語の字義的意味をそのまま解釈するのではなく，発話者の心の読み取り能力を主体とする，コミュニケーション上の推論能力のことをさすように変化している．

　「コミュニケーション上の推論能力」の議論について先鞭をつけたのは，聞き手における発話の「効果」に注目したジョン・オースティン（Austin, J.L.）[8]であった．オースティンは同一の発話が異なる場面で異なる効果をあげることを示した．たとえば先の例でいえば，「雨降ってるよ」という発話は，情景を聞き手に伝え「濡れた様子がきれいだね」と共感を誘うこともあれば，聞き手に「傘を持って行きなさい」という「命令」や「傘を持って行って欲しい」という「依頼」を伝え，相手にそうした行動を起こさせる効果を生じさせることができる．語用

論研究を大きく発展させたポール・グライス（Grice, P.)[9]は，一般に人間の会話について，こうした字義的ではない解釈が生まれるメカニズムも含めて，**会話の四つの公準**（conversational maxims）にまとめて次のように提示した．

①**量の公準**（maxim of quantity）：　適切な量の情報を与えよ．多すぎたり少なすぎる情報を与えてはいけない．

②**質の公準**（maxim of quality）：　自分が正しいと思っている情報を与えよ．間違っていたり，嘘の情報を与えてはいけない．

③**関連性の公準**（maxim of relevance）：　関連性のある情報を与えよ．関連性のない情報を与えてはいけない．

④**様式の公準**（maxim of manner）：　適切な様式で情報を与えよ．曖昧であったり，冗長であったりしてはいけない．

　人間の日常会話はこんな公準にすべて則っているのであろうか？　実際にはあまり則っているとはいえない会話を多く行っているのでは，と感じる向きもあるかもしれない．しかし，ごく普通の会話はほぼこれらの会話の公準に則っており，そうでないときも確かにあるが，そのときには特別な意味が生じるとされている．たとえば年老いた親が同じことをあまりにも何度も繰り返す（量の公準への違反）と，おかしい（もしかして認知症？）と感じるかもしれない．相手の言ったことに対し，わざと関係のないことをコメディアンが言う（関連性の公準への違反）と，面白いボケを言っている，と感じたりもする．こうした公準からの逸脱は，ある特別な解釈とそれに基づく聞き手における効果を生み出すことになり，そうした特別な効果が生じない普通の日常会話の場合は，意識せずとも公準に則った会話になっているとグライスは説明している．

　では会話の公準に基づく推論過程はどのようになっているのだろうか．先の例でいえば，自分が「散歩行かない？」と言ったのに対し，友人が「雨降ってるよ」と返した場合，散歩に行くかどうかについて，友人の発話は何も言っていない．しかし，「雨降ってるよ」という発話は，会話の公準に則っているはずであり，とすれば自分の発話に対し関連性のある発話になっているはずである．とすれば，直前の「散歩行かない？」に関連させて解釈すべきである．そこで，散歩に行くためには「外に出ることになる→外は雨が降っている→雨が降っている時外出すると憂鬱になる→だから散歩に行きたくない」と友人は言っているのだ，と推論して解釈することになる．この例からみても，推論によるコミュニケーションは，日常会話においてありふれた，きわめて頻度の高いものであることがわ

かる．一見相手の質問や提案自体にはまったく答えていないのに，それには気づかず，あたかもしっかりと答えているかのように話し手も聞き手も感じてしまう．自然に素早く推論をしているため，そこに果たして字義的には齟齬があったかどうかすら気づかないかもしれない．

● 9.4　意図明示的推論コミュニケーション

　このグライスの公準のうち特に「関連性の公準」を拡張し，他の公準は実は関連性により説明できるとしたのが，**関連性理論**（relevance theory）を提唱したダン・スペルベル（Sperber, D.）とディアドラ・ウィルソン（Wilson, D.）であった[10,11]．スペルベルとウィルソンは，人間は**意図明示的推論コミュニケーション**（ostensive inferential communication）という，ヒトの種に特有のコミュニケーションを行っていると主張した[9,10]．この意図明示的推論コミュニケーションでは，誰かに向けて発せられた人間の発話は「関連性が高い」ものであるはずと他者によって受け取られており，関連性が高いと前提することからコミュニケーションにおける推論が適切に行える，としている．

　トム・スコット＝フィリップス（Scott-Phillips, T.）[12]は，コミュニケーションには**コード・モデル**（code model）によるコミュニケーションと意図明示的コミュニケーションの二つのタイプが存在しており，前者はおもにヒト以外の動物の，後者は，厳密にはヒトだけに見られるコミュニケーションであると論じている．コード・モデルによるコミュニケーションでは，ある動物の個体 A が伝えたい情報は，その種特有の方法によりコード化され，他の個体 B に信号として伝わる．個体 B はその種特有の方法により受け取った信号をデコード（復号化）し，情報の復元を行う．ここで情報の伝達が行われる．個体 A が伝えようとした情報が，どの程度正確に個体 B に伝わるかがしばしば重視される．伝達の途上ではコードの一部間違いや環境からのノイズが入っている可能性がある．デコードでも一部間違いが生じるかもしれない．途中でたとえば突然デコードができない状態になると，コミュニケーションはすぐに破綻するであろう．

　典型的なコード・モデルによるコミュニケーションのひとつに，よく研究されてきたミツバチの 8 の字ダンスがある．ミツバチは蜜の在り処から巣に戻ると，他のミツバチにとりまかれて蜜の場所を知らせるために羽を震わせながら 8 の字を描くように動いて「ダンス」をする．このダンスの仕方は，蜜の在り処，太陽，

巣の三つの位置関係と，巣から蜜の場所までの距離により決まっている．たとえば距離に関する情報はダンスをする速度がもたらし，蜜の場所が近いと速くダンスする一方，遠いとゆっくりダンスする．興味深いことに，太陽の動きが変化するとそれに応じてダンスの仕方も変化する，というように，土地の情報もしっかり組み込まれているという．基本的にこのダンスは生得的に確立されたコード使用によるものであり，ある信号（ダンス）がある情報（蜜の場所についての情報）に対応している．コード・モデルは直感的にわかりやすいコミュニケーションのモデルといえよう．

　これに対して，意図明示的推論コミュニケーションでは，ある信号がある情報を表示する，という連合関係は否定されている．スコット＝フィリップスは"I'll see you later."という表現が，話者のきわめて多様な意図を伝えうることを示している[12]．友だちどうしで，「またあとでね」という親しみを込めた表現である場合，ビジネス上の関係で，後に会うことが決まっていることを確認して言っている場合，さらには監禁者が監禁している人のそばを一時離れるときに脅し文句として言う場合もあるだろう．話者の意図は字義どおりの意味だけからはまったく伝わらない．このような言語の基本的な**不決定性**（underdeterminancy）があるため，ある信号がある情報を表示することはまったく保証されていないのである．

　なぜこのような不決定性が高い，いわば「不完全」な言語というものをコミュニケーションの道具としてヒトは使っているのか．それは，意図明示的推論コミュニケーションを行う能力さえあれば，限られた言語コードを使ってもきわめて多様な意味を伝達できるために，言語そのものが完全である必要はないからであろう．そもそも言語コードは音声言語であるため，言語中枢を働かせ，肺，喉頭，舌，唇などの構音器官を精密に動かし，自分の資源を使わなければならない．デコードのためにも資源を使う．だからむしろ，言語コード自体は比較的シンプルに保ち，心を読むための推論能力を高めてコミュニケーションを行うほうがよい．素早く実行でき，資源使用の点からも効率的だからである．ヒトはそれを進化により実現した動物なのだろう．

　意図明示的推論コミュニケーションでは，ヒトが発話解釈において推論をはじめる理由を明確に示している．ヒトの発話はすべて「関連性」がある発話であり，ここで関連性があるとは，「相手の認知資源を変更するような情報」のことをさしている．話し手が自分に向けて，つまり伝達意図を明確にして何かを自分に言

っている，ということは，話し手は自分の認知資源（知識の状態，内的状態）を変更するようなことを言っているはずである．ここで，誰が誰に向けてことばを発しているか，つまりどのように**直示的**（ostensive）であるかということが重要になってくる．相手がまさに自分に向けて発話したとき，それは他でもない自分の認知資源の変更を目指していると信じることができ，自分が置かれた状態や会話の流れなどの共通基盤を考慮した推論を開始することになる（小林[13]による解説が参考になる）．

● 9.5　協力的コミュニケーションの進化

　グライスは人間のコミュニケーションは協力的であると述べ，協力的コミュニケーションが実現するための四つの公準を示した．スペルベルとウィルソンは協力的とはいわないものの，互いに自分と相手の資源を効率的に使うようにしていると考える．よって，グライスが言うところの「量の公準」は，スペルベルとウィルソンによれば，関連性で説明がつく．同じことを何度も繰り返すのは，相手の認知資源を変えることにつながらない一方，相手も自分も無駄に資源を消費することになる．よってこうしたことは避けられる．関連性が高い発話であれば，相手の認知資源を効率的に変えるものであるはずだから，同じことを繰り返すはずはないのである．もちろん，何度も念を押すことにより特別な効果をあげたいときは，資源を使うための十分な理由があるので，単なる無駄な繰り返しではないことになる．たしかに人は普通，自分が相手に対して話していることが明白な場合，「あした寒くなるらしいよ」と本当のことを同じ人に何度も繰り返し言ったり，「あした暑くなるらしいよ」と自分にとって益にならない嘘を言ったりはしない．さらには相手が，「そうなんだ，じゃあ暖かくして行くよ」と衣服の整えかたについて，自分からのアドバイスがあったかのように解釈して発話することを当然のことのように考えている．

　グライスの理論ではヒトは基本的に他者と協力的なコミュニケーションを行うことが前提となっており，これが発話において話者の意図推論を実行するための重要な根拠のひとつになっている．ヒトにおける社会性の高さは，協力的である性質がそれを推進したことが主張されている．ヒトと最も系統的に近縁であるチンパンジー（ボノボも同程度近縁とされている）は，ヒトが指さしなどコミュニケーション的な行動を使って有用な情報を教えるだろうとはまったく想定してい

ない，という興味深い実験がある[14]．成体のチンパンジーの目の前に容器を3
個並べ，チンパンジーが見えていない状態でそのうちのひとつに報酬を隠してお
く．隠し場所を知っている人間（このことはチンパンジーもわかっている）が，
チンパンジーの前で，チンパンジーの顔を見ながら隠し場所の容器へいわば「み
えみえ」の指さしをしたり，容器の上にマーカーを載せたりする．実験の結果，
チンパンジーは隠し場所を教えるこのような行動を多数回見ても無視して，ラン
ダムに容器を開けるという．これをヒトの2歳，3歳の幼児で行うと，練習があ
まりなくても高い確率で正しい箱を開ける．ダニエル・ポヴィネッリ（Povinelli,
D.J.）らも似た実験を行い，ヒトの指さした場所を探す訓練を受けているチンパン
ジーでも，新しい実験状況で少し遠い場所へ向けて行われたヒトの指さしは無
視して，指されていない近い箱を開けることを示した[15]．しかし2，3歳のヒト
幼児は容易に指さしの情報を使うことができた．チンパンジーと異なり，ヒトの
幼児は他のヒトの大人が指さしなどの行動をしていると，有用な情報を教えるた
めにしている，と信じているらしいのだ．

　ではそもそもなぜヒトは協力的なコミュニケーションを行うのか．ヒトは哺乳
動物の中でも戦うための武器となる強力な牙，角，筋肉などに恵まれないひ弱な
体格の種であり，他者と協力して狩猟・採集を行うことで生き抜いてきた．狩猟
も武器や技術があまり進化していない頃は行うことができず，屍肉食つまり他の
動物の食べ残しをあさっていたという説がある．屍肉食もまたハイエナなど他の
動物との競争から免れるわけではないため，仲間との協力が必須となる．最近，
中村らによる対峙的屍肉食つまり，獲物を殺したヒョウがいる前で獲物を奪って
食するチンパンジーの例が発見された[16]．これはチンパンジーと同様のサイズ
の初期人類であっても採食のために協力し，獲物を奪うことができたこと，また
こうした協力行動が進化したことの裏付けのひとつとして注目されている．協力
的な行動は，採食のためのグループ行動に仲間として加わるために必須となった
のだろう．ここでコミュニケーションにおいても協力的でなければならなくなっ
たと考えられる．自分の利益のために嘘をつく人がいたとすると，一時的には利
益を得ると考えられるが，長期的には信用されなくなり，採食のための活動に入
れてもらえなくなるだろう．協力的コミュニケーションをとる人が多い群れは他
の群れよりも採食のための活動をより有利に行えるようになり，協力的な性質は
自然淘汰や性淘汰の中で磨かれていったと考えられる．

　協力的性質は最近の「（自己）家畜化」の説でも重要なキーワードとなってい

る．**家畜化**（domestication）された動物は，鳥たとえばキンカチョウ（野生）が江戸時代以降ペットとして飼われてジュウシマツに変化したときのように，またイノシシが食用のブタに変化したときのように，体色がより白っぽくなったり，攻撃にかかわる体の部位が小さくなったりし，とりわけ性質として攻撃性が減るという特徴をもつ．過度に攻撃的な個体は，より弱い個体の連合により制裁されたため，攻撃性が減っていったと考えられている[17]．ヒトは皮膚の色こそ多様だが，類人猿と比較して体毛が激減し，顎も小さく，歯も小さくなっている．人間は攻撃性を減らし，自身をいわば家畜化し仲間と協力することから利益を得るようになり，協力的行動が進化していった可能性がある（徳増・外谷[18]による解説が参考になる）．

　ではなぜ意図明示的推論コミュニケーションが進化したのだろうか．協力が大事といっても，わざわざ推論をしなければならないコミュニケーションまで進化させなくてもよかったのではないか．これについて，マイケル・トマセロ（Tomasello, M.）[19]は興味深い論考を行っているので，それを参考にして考えてみる．推論能力が使えるようになると，それが自己の能力の高さをアピールすることにつながった可能性が考えられる．たとえば，「寒いね」と相手を見ながらつぶやくように言ったとき，相手がもし「火の近くにおいでよ」と言ってくれたとすると，自分は明示的に頼んでおらず，単に自分の状態を話しただけなのに，相手はそこに込められた話者の意図を受け取り，「寒いから火のそばに来たいのだろう」と考えたことになる．火のそばに来るよう誘えた人は，気配りができるということで社会的信用が上がることになる．社会的信用が上がれば，次の採食の活動でも誘ってもらえやすくなるだろう．さらにはトマセロによると，このように「寒いね」とだけしか言わない人も，それに対して気配りができる人の評判を上げる発話をしたことで，「相手の評判を上げてあげられるような発話をした人」ということになり，こちらもまた評価が上がる可能性があるのだという．つまりは，互いに推論が必要な会話を行うことで，社会的評価を上げるチャンスを作り出しているのである．こうして推論が必要なコミュニケーションが進化した，とトマセロは推測している．

◉ 9.6 進化心理学のアプローチがもたらしたこと

　生成文法理論では，統語構造こそが言語能力であるとして議論され，語用論は

言語運用にかかわる些末的問題であると考えられてきた．これに対し，進化心理学のアプローチは言語研究に対し，字義的解釈をこえた語用論的解釈の重要性を明確に示したと考える．意図明示的推論コミュニケーションというヒトに特有の推論過程の存在を中心に据えたコミュニケーションを議論することにより，語用論をヒトのコミュニケーションの根幹に位置するものに押し上げた．協力的コミュニケーションの進化についての議論は，意図明示的推論コミュニケーションの進化的妥当性をさらに高めているといえよう．

■文　献

1) Chomsky, N. (1957). *Syntactic Structures*. Mouton.
2) Chomsky, N. (2006). *Language and Mind*. Cambridge University Press.
3) Fujita, K. (2017). On the parallel evolution of syntax and lexicon: A Merge-only view. *J Neurolinguistics*, **43**, 178-192.
4) Dunbar, R.I.M. (1992). Neocortex size as a constraint on group size in primates. *J Hum Evol*, **22** (6), 469-493.
5) Shultz, S., & Dunbar, R.I.M. (2007). The evolution of the social brain: anthropoid primates contrast with other vertebrates. *Proc R Soc B*, **274** (1624), 2429-2436.
6) Dunbar, R.I.M., & Shultz, S. (2007). Evolution in the social brain. *Science*, **317** (5843), 1344-1347.
7) Clark, H.H. (1996). *Using Language*. Cambridge university press.
8) Austin, J.L. (1975). *How to Do Things with Words* (2nd ed.). Harvard University Press.
9) Grice, P. (1989). *Studies in the Way of Words*. Harvard University Press.
10) Sperber, D., & Wilson, D. (2002). Pragmatics, modularity and mind-reading. *Mind Lang*, **17** (1-2), 3-23.
11) Sperber, D., & Wilson, D. (1986). *Relevance: Communication and Cognition*. Oxford: Basil Blackwood.
12) Scott-Phillips, T. (2014). *Speaking Our Minds: Why Human Communication Is Different, and How Language Evolved to Make It Special*. Bloomsbury Publishing.
13) 小林春美 (2022)．ヒトによる意図共有とは何か．岡ノ谷一夫・藤田耕司 (編) 『言語進化学の未来を共創する』ひつじ書房．
14) Tomasello, M., Call, J., & Gluckman, A. (1997). Comprehension of novel communicative signs by apes and human children. *Child Dev*, 1067-1080.
15) Povinelli, D.J., et al. (1997). Exploitation of pointing as a referential gesture in young children, but not adolescent chimpanzees. *Cogn Dev*, **12** (4), 423-461.
16) Nakamura, M., et al. (2019). Wild chimpanzees deprived a leopard of its kill: implications for the origin of hominin confrontational scavenging. *J Hum Evol*, **131**, 129-138.
17) Wrangham, R.W. (2019). Hypotheses for the evolution of reduced reactive aggression in

the context of human self-domestication. *Front Psychol,* 1914.

18)　徳増雄大・外谷弦太（2022）．仲良くなければ生き残れない村と家畜たち．岡ノ谷一夫・
　　　藤田耕司（編）『言語進化学の未来を共創する』ひつじ書房.

19)　Tomasello, M.（2008）. *Origins of Human Communication.* MIT Press.

豊川　航

Chapter 10
進化心理学と文化

　文化は人間行動へ影響を与え，人間行動が文化を作る．文化とは，行動がもたらす生態学的・経済学的な帰結を左右する環境要因であると同時に，人々の相互作用の結果創発する現象である．人間の行動パターンと文化との循環的な時間発展を理解する鍵は，動物に広く見られる社会的学習による情報の伝達だ．また，人間は文化によって自ら自然淘汰圧を改変し（文化的ニッチ構築），遺伝子的進化と文化形質の進化とは互いに影響を与え合う（遺伝子-文化共進化）．どのような心理・認知メカニズムが文化進化動態に影響するだろうか．文化的ニッチ構築が人間の心理的傾向の究極要因へいかにフィードバックするかの解明が，これからの進化心理学のひとつの課題である．

◉ 10.1　文化に適応する心理

　進化心理学は，人間行動パターンを**進化的適応環境**（EEA; environment of evolutionary adaptedness）への自然淘汰ないしは学習を通じた適応の産物だと仮定し，説明を試みる．人々が適応する環境は，必ずしも，気候や地理的特性などの生態環境だけに限られない．異なる文化や社会制度の下では異なる行動が経済的・適応度的に理にかなうことがあるだろう．したがって，人間行動を適応論的視点から予測・説明する際には，社会環境や文化的特徴は重要な要因となりうる[1]．

　たとえば，関係流動性という文化的特徴，すなわち社会的関係を自由に組み替える機会がどれだけあるかの，国や地域間でのばらつきを考えてみよう．伝統的なムラ社会に代表される関係流動性の低い社会では，普段から付き合いのある相手との長期的な交換関係が見込まれる．それゆえに特定の相手との互恵関係を長期的に維持するよう機能する行動戦略が適応的だ．いってみればコネ関係が重要な社会だ．しかし，社会関係を組み替える機会が少ないため，もっとよい取引相

手が存在しても見逃してしまう機会費用が高くつくかもしれない．また個人間の力関係が平等でないなら，一方が他方を搾取し続ける収奪的な関係が維持されてしまう危険があるかもしれない[2]．一方，都市部に代表される関係流動性の高い社会では，見知らぬ人との出会いの機会が多く，そのなかから誰を相手に関係を築くか，どのグループに所属するかを選択できる．そこでは見知らぬ他者が信頼できるかどうか見極め，また自分の価値を他者へうまく売り込む行動戦略が適応的だろう．

こうした，地域間で観察される行動の差異を，関係流動性など文化的に課された環境への適応という観点から説明するアプローチは，比較文化心理学や文化心理学の重要な仕事のひとつである[3]．だがそもそも，文化は人類の進化の過程でどのように生じたのだろうか．また，創発する文化的特徴は人間行動からどのような影響を受けるだろうか．こうした疑問を科学的に扱うためには，まず「文化とは何か」をうまく定義しなければならない．

本章では，動物の行動形質のうち，刷り込み，条件づけ，観察，模倣，直接の教示の結果のいかんを問わず，非遺伝的ななんらかのプロセスによって学習され，かつ世代を越えて継承されるものを文化的形質とよぶ[4]．この定義は，遺伝子によらない行動形質の継承として広く文化を捉えている．そのなかには特定の環境で誰もが独立に身につけやすいために特定地域で世代を越えてみられる行動形質も含まれるが，多くの文化的形質は社会的学習により伝達される．社会的学習によって獲得される行動形質のなかには，他の行動形質よりも集団中をより伝搬しやすく，より採用されやすいものがある．そういう行動形質は，やがて多くの個体のあいだで共有されるようになるだろう．だが，いずれ，新たに発明された行動や考え方によってまた取って代わられるかもしれない．こうした文化の時間発展が生じるメカニズムは，ある抽象的なレベルにおいて，遺伝子に作用する自然淘汰の理屈と一致する[5]．しかし，学習による情報の伝達は遺伝的継承とは異なる経路をたどりうる．たとえば多数派同調行動は，集団の多数派に採用されている行動の頻度を集団中でさらに増加させるように作用する．一般に，戦略的な社会的学習は文化の伝わり方を偏らせ，文化進化動態へ影響を与えうる．この意味で，比較文化心理学・文化心理学ではさほど注目されていない模倣や同調行動は，文化進化のなりゆきにかかわる重要な鍵でもあるのだ．文化は，私たちの心の進化とどのようにかかわるのだろうか．まずは，文化の進化的由来についてみてみよう．

◉ 10.2　人間以外の動物における文化

　ここで採用される文化の定義は，文化形質を人間に限定しないところが面白い．非遺伝的な道筋で社会的に広まっていく行動は，それがどんな動物のものであれ文化的形質とよぶ．文化の進化的由来について問うためには，文化的形質をもつことが観察される動物について理解することが必要だ．

　動物たちは，どこを探して何を食べたらいいのか，どうやって捕食者から逃れるのか，誰を交尾相手に選べばいいのか，といった多くのことを他の個体の行動を真似することから学ぶ[6]．ショウジョウバエやマルハナバチなどの昆虫から，アカゲザルやシャチに至るまで，数多くの動物が模倣を通じて新しい行動を獲得し，群のなかに広めることが知られている．類人猿は，紛れもなく文化とよぶべき，集団ごとに異なる行動変異をみせる．たとえば，野生チンパンジーは群ごとに独特な方法で道具を使う．あるチンパンジーの群れは植物の茎を使って木の洞にいるシロアリを探し当てる．また他の群れでは，植物の茎でアリを釣り上げたり蜂蜜をこそげ取ったりする．こうした行動パターンは社会的学習を介して獲得される．たとえば，タンザニアのゴンベ渓流国立公園にいる個体群は，植物の茎や木の枝を蟻塚に差し込んでシロアリを捕まえる．母親のチンパンジーがシロアリ釣りに費やした時間が長ければ長いほど，子供が釣りのコツをたくさん習得する．

　注意すべきなのは，集団ごとに異なる行動があるからといって，それらすべてが社会的学習によって広がっているとは限らないことだ．なぜなら，集団によって住む自然環境がぜんぜん違うかもしれないからである．まったく異なる環境では，それぞれまったく異なる行動が，その環境への適応的な反応かもしれない．つまり，各個体が独立に局所的な環境へ適応した結果として集団全体で同じ行動が共有されることがありうる．社会的に行動が伝播したわけではないこうした特性も，環境に**誘発された文化**（evoked culture）とよばれることがあり，社会的学習によって**伝達される文化**（transmitted culture）と区別される．それでは，その行動が社会的学習に基づく文化形質なのか，それとも誘発された形質なのかは，どうやって見定めたらいいのだろうか．

　面白い研究が魚の野生個体群で行われた．カリブ海のサンゴ礁に分布するブルーヘッド（*Thalassoma bifasciatum*）というベラ科魚類は，何世代にもわたって

同じ場所を繁殖場所として利用する．先に述べた通り，個体群ごとの行動の違い
は，遺伝的な違いや，遺伝的に適応した生態環境の違いから説明できる可能性が
あるので，それが文化とよべるかどうかはまだわからない．これを確かめるた
め，ロバート・ワーナー（Warner, R.R.）は，ブルーヘッドの群れ全体を他のブ
ルーヘッドの群れと入れ替える実験を行った[7]．

　もし環境や生態の特徴が繁殖場所を決定するのなら，新しく導入された群れも
元いた群れと同じ場所を繁殖場所に選ぶだろう．しかし，もし社会的学習が鍵を
握っているなら，以前の群がどこで繁殖していたかとは関係なく，たまたま最初
に選ばれた場所への選好が伝播し集団中に「流行」するだろう．実験の結果，新
たに導入されたブルーヘッド個体群は，もとの個体群とは異なる，新たな繁殖場
所を確立した．そしてその新しい繁殖場所は，12年間におよぶ観察期間でずっ
と維持された．しかし，また別の研究で，ワーナーが新たに群を導入してからた
った1か月後に，再び別の群へと入れ替てやると，今度は，最後に導入された個
体群は直前の個体群と同じ場所を利用しはじめた．おそらく，魚はまず環境中の
最適な場所に繁殖場所を選び，それが次第に，社会的学習によって文化として維
持されるのだろう．時間が経つにつれ，外的環境は変化しても文化は保存され，
だんだん文化と環境は乖離していく．この現象は，あたかも物理的な慣性で動き
が止まらなくなった物体を思わせるので，「文化的慣性」とよばれる．ベラ科魚
類は発達初期の浮遊仔魚期に周辺の個体群と混ざり合うため，サンゴ礁の個体群
が群ごとに遺伝的に大きく分化しているとは考えにくい．したがって，ブルーヘ
ッドの群ごとに維持される繁殖場所選択の差異は社会的学習に基づく文化的な差
異だという結論がもっともらしい[8]．

　このように，文化形質は動物界でさほど珍しいものではなく，とても幅広い系
統群にみられる．そのなかには人間と進化的に遠く隔たっている種も含まれてい
る．それはなぜかというと，他個体を真似ること，すなわち社会的学習の，適
応度上の利益は多くの動物に普遍的に存在するからだ．

◉ 10.3　適応的な社会的学習戦略

　他者から何かを学ぶ，あるいは他者との相互作用を介して学び，その結果とし
て行動形質を獲得することを**社会的学習**（social learning）とよぶ．自然環境の
なかで餌を採る技術や捕食者から逃れる行動を学習するのは文字どおり骨の折れ

かねない仕事で，多大な労力と危険がつきまとう．だが社会的学習の機会があれ
ば，探索にかかる負担を複数の個体で分散させることができ，情報を総じて安く
仕入れられるかもしれない．たとえば，「うまい」ラーメンを探すために札幌の
すべてのラーメン屋を一人で訪問するのは無謀だが，誰かが残したレビューを参
考にすることで，簡単に好みのラーメンを見つけられるかもしれない．また，一
人でできる探索の回数には限りがあるから，店主がたまたま不在で見習いバイト
作のイマイチな一品に運悪く遭遇してしまい，それ以降その店に二度と訪れなく
なったとしても不思議ではない．だがその場合，店主が作れば本当は美味しいは
ずのラーメン屋を逃してしまうことになる．社会的学習で沢山の人の行動を参考
にできれば，そうした偶然によるノイズの効果を減らすことができる．つまり，
「ああ，たまたま不味かったのかな」と思い直して再びその店を訪れ，今度はき
ちんと店主の作った自慢のラーメンを食べることができるようになるだろう．こ
れは社会的学習による**集団の知恵効果**（wisdom of the crowds）とよばれている．

　だが，集団の知恵効果がいつも必ず発揮されるという保証はない．自分で探索
するのに相当な骨折りを要するのはどの個人にとってもいえることなので，自分
は探索せずに他者の探索に頼る，というただ乗りへの誘因が生じるのだ．ただ乗
りによって集団全体の探索努力が過度に少なくなれば，正しい情報がプールされ
なくなり，精度の高い意思決定はできなくなると予想される．誰も新しい店を開
拓せず，皆が古いレビューだけに頼るようなら，うまいラーメン屋を見つける集
団の知恵効果は生じないだろう．そのため，他に誰も探索する人がいなくて社会
的情報が信頼できないなら，社会的学習するよりも自分で探索するほうがマシだ
から，しぶしぶ自分で探索することもあるかもしれない．つまり，社会的学習の
利益には頻度依存性があり，社会的学習と個人の探索のうち，より有益なほうへ
乗り換えたくなる誘因がある．進化ゲーム理論という数理モデルの予測から，探
索と社会的学習とを行き来する力学はいずれ均衡へ到達し，そこでは社会的学習
と非社会的な探索の割合はもはや変化しなくなり，二つの戦略の適応度は等しく
なるということがわかっている．

　この数理モデルから導かれる結論は，社会的学習が集団の適応度を高めること
はないというものだった．これは「文化は生物学的な適応度を高める」という直
感的な信念と矛盾するため，人類学者のアラン・ロジャース（Rogers, A.R.）は，
これをパラドクス（逆理）だと指摘した[9]．文化進化による技術の普及は，人間
が生存し繁殖することを助け，人類に人口増加と分布域拡大をもたらした．それ

ゆえ人間の文化は，進化生態学的な意味で人間の適応度へ大いに貢献してきた
し，今も貢献していることは間違いない．農業革命や産業革命によって，出生率
や平均寿命は飛躍的に向上した．こうした文化進化の恩恵は，社会的学習がなけ
れば生み出されない．だが，進化ゲーム理論の数理モデルによれば，個人の試行
錯誤学習に比べて，社会的学習によって高められる適応度の増加はないことにな
る．この，ロジャースのパラドクスから示唆されるのは，モデルの仮定のどこか
に現実とのミスマッチがあるということだ．

ロジャースのモデルは，社会的学習者は誰かれかまわず無差別に模倣すると仮
定していた．しかし，現実の人々はでたらめに誰かを模倣することはないだろ
う．これはモデルの仮定と現実の明らかなズレであり，パラドクスの原因の候補
だ．社会的学習が適応的であるためには，でたらめに模倣するのではなく，い
つ・だれを模倣するのかについて選択的でなければならないのかもしれない．だ
とすると，どういう戦略がいいのだろうか．セント・アンドリュース大学のルー
ク・レンデル（Rendell, L.）とケヴィン・レイランド（Laland, K.N.）らの研究チー
ムは，考えられるあらゆる社会的学習戦略の適応度上の有利さを比較するため，
世界中から参加者を募ってトーナメントを開催した[10]．トーナメントに優勝し
賞金1万ユーロを得たのはカウデン（Cawden, D.）とリリクラップ（Lillicrap, T.）
という二人の大学院生だった．彼らの考案したディスカウント・マシーンという
戦略は，基本的には探索を一切しない．これは逆説的に聞こえるが，理にかなっ
ていた．限られた時間のなかで美味しいラーメン屋になるべくたくさん訪問する
ためには，知らないラーメン屋を下手に訪れる（探索する）よりも，知っている
美味しい店に繰り返し通うほうがいい．ディスカウント・マシーンが特徴的だっ
たのは，環境が変化したことを察知すると，すぐさま他人を模倣（社会的学習）
したことだ．こうした巧みな戦略を使う個体の集団ではみな，あらゆる選択肢の
なかから最善だと信じるものをそれぞれ選択している．つまり，誰かが訪れてい
るラーメン屋は，すでにその誰か自身が知っている複数の候補たちのなかから
「ふるい分け」された良店である可能性が高い．だから，誰かを模倣すれば，知
らない店を探索するよりも高い確率で価値の高い選択肢にありつけることが見込
める．

つまり，「ここぞ」という場面でのみ社会的学習で知識を仕入れ，あとはひた
すら自分が最良と信じる行動を取り続ける行動戦略は，普段は自分の利益を高め
るために最良な選択をすることで集団の知恵へ貢献し，「ここぞ」という困った

ときに集団の知恵を利用する側に回るというものなのだ. これは優勝したディス
カウント・マシーンだけでなく, 上位 10 位に入った戦略の多くが備えていた性
質だった. 戦略的な社会的学習によってロジャースのパラドクスは解消されるこ
とがわかっている. 予想されるとおり, 人間をはじめ, 様々な動物で, こうした
巧みで戦略的な模倣行動が実験的に観察されている[6].

◉ 10.4　忠実な文化の伝達と累積的文化進化

　戦略的な社会的学習が動物に広く存在するならば, なぜ道具作製の技術や社会
制度といった複雑な文化形質は人間にしかみられないのだろうか. 上であげた魚
の例のように, それぞれの集団固有の行動レパートリーは社会的学習によって個
体から個体へと伝達され, 集団に「行動的な伝統」を根付かせる. これは定義に
よると文化的形質だ. しかし人間以外の動物では, 一般的にこうした行動的な伝
統の複雑さは, ある程度までいくと上昇しなくなってしまう. だが人間の場合,
技術の発展は留まるところを知らない. 人間の文化進化にみられる, 一方向的・
不可逆的な変化は**累積的文化進化**（cumulative cultural evolution）とよばれる.
現在のところ, 累積的文化進化は人間以外ではっきりと観察された例がない.
　なぜ人間以外の動物では, 文化形質が累積的に進化しないのだろか. マグヌ
ス・エンクイスト（Enquist, M.）らは, 文化的の伝達の忠実度（つまり, 個人か
ら個人へどれだけ正確に情報が伝わるか）と個体群サイズが, 集団中にその文化
的形質が保持される期間の長さへどう影響するかを数理モデルで分析した[11].
すると, 情報伝達の忠実度と文化の寿命との間には, 指数関数的な関係があるこ
とがわかった. つまり, 情報伝達の忠実さが低い, 小さな集団では, 文化形質は
長続きせずにすぐ絶滅してしまう. よって, 過去の文化の「肩の上」に立ってさ
らなる文化的革新を生み出そうにも, 足場となるべき文化形質がないのだ. しか
し, 伝達の忠実度が少し高まると, 文化の寿命は大幅に伸びる. すると, 複数の
文化形質どうしの組み合わせや, 過去の文化形質をさらに発展させるイノベーシ
ョンが生じやすくなる. また, 技術革新によって人口が増えれば, 文化形質の保
持期間はさらに伸び, それが累積的文化進化のさらなる土台となる.
　累積的文化進化が人間だけに特異的に生じた原因は, 文化的情報伝達の高い忠
実性を人間だけが達成できたからだ. では, なぜ人間だけが特異的に高い忠実性
を発揮できるのだろうか. 他の動物の文化伝達とは何が決定的に異なるのだろう

か．その有力候補のひとつは，教示行動，特に言語を使った教示行動である．ト
ーマス・モーガン（Morgan, T.J.H.）らによって実施された石器づくり技術の文
化伝達実験を例に，累積的文化にとっての言語の重要性を示そう[12]．

　実施されたのは，オルドワン石器（タンザニアのオルドヴァイ渓谷でみつかっ
た初期の打製石器）の削り出し技術を伝達する5つの社会的学習能力を検証する
ための大規模な実験だった．この実験は，成人の参加者に，みかげ石のハンマー
ストーンを使ってフリント石核から剥片を叩き出す方法（ナッピング）を習得さ
せ，その技能をテストするものだった．技能テストの後，この参加者には，他の
参加者がナッピング技術を学ぶのを助けさせた．これを順次繰り返すことで，道
具作りの知識がどのように他者へ伝わり，連鎖していくのかを調べた．実験には
教師役から生徒役に伝えることができる情報の種類が異なる5つの条件があり，
参加者はそのいずれかに割り当てられた．条件はそれぞれ，①教師の残した石器
を参考にできるリバース・エンジニアリング条件，②できた石器だけでなく教師
による石器作りの様子を観察できる模倣条件，③以上に加え教師役が生徒の姿勢
や動作に介入できる基礎的な教示条件，④以上に加え教師役がジェスチャーで指
導できるジェスチャー教示条件，そして⑤以上に加えて口頭での会話も許された
口頭教示条件だった．

　結果，リバース・エンジニアリング条件と模倣条件との間には差が見られなか
ったが，口頭教示条件ではそれらに比べて石器製作の成績が二倍近くも上昇し
た．これは，少なくともオルドワン石器ほどの複雑さをもつ技術を文化伝達さ
せ，イノベーションを積み上げていくためには，模倣による単純な社会的学習だ
けでは足らず，言語を通じた教示が必要であることを示している．

　言語を用いた教示行動が累積的文化の基礎を作っているらしいことが示され
た．だが，言語はなぜ・どこから進化してきたのだろうか．また，他者にわざわ
ざ手間をかけて有益な情報を教えるという利他的な教示行動はどうやって進化し
たのだろうか．人間のように柔軟に言語を操れる動物や，人間社会ほどの規模で
協力的・向社会的な教示行動を見せる動物はほかに知られていない．言語の進
化，教示・教育行動の進化はそれぞれ，進化人類学や進化生物学で長く関心がも
たれてきたテーマであり，それらのテーマは，人間の文化進化の理解へとつなが
っている．だが，本章ではこれ以上深い追いはせず，詳細は本書の第9章や第
13章に譲る．

◉ 10.5 文化的ニッチ構築と遺伝子-文化共進化

人間に限らず地球上のすべての生命は地球という空間上の少なくとも一点を占めている．また，餌の種類や資源を利用する時間といった概念的な次元の上にも固有の「場所」を占めていると考えることができる．その種が利用することのできるそうした資源・環境空間を生態学的ニッチあるいは基本ニッチとよぶ．他種との競争の結果，実際に観察されるのは基本ニッチのうち一部分である．ジョーン・オドリン=スミー（Odling-Smee, F.J.）らはこのニッチの概念を基に，ある生物の集団に作用する自然淘汰圧のセットとして進化的ニッチを考えた[13]．

生物が代謝し，移動し，生活すれば，必ずなんらかの形で周囲の環境を変化させる．いいかえれば，生命活動は必ず環境を改変する．しかしすべての環境改変が必ずその生物集団の進化的ニッチを改変するわけではない．その集団が現在さらされる空間的，時間的な進化的ニッチを改変するのは，ある種類の環境改変に限られる．あるいは，生物の集団は別の生態学的ニッチへと移動することによって，みずからを別の自然淘汰圧のセット，つまり別の進化的ニッチへ移動するかもしれない．進化的ニッチへと影響の及ぶこうした環境の改変を，**ニッチ構築**（niche construction）とよぶ[13]．

ニッチ構築は，たとえばミミズによる土壌改変のようにミミズのもつ遺伝的形質によって駆動するものがある．しかしそれだけではなく，学習によって獲得される文化的形質によっても駆動しうる．文化的形質が進化的ニッチを改変し，遺伝子への自然淘汰圧を変化させるならば，文化的形質は遺伝子とともに共進化するかもしれない．この理論的可能性は，**文化的ニッチ構築**（cultural niche construction），あるいは**遺伝子-文化共進化モデル**（gene-culture coevolution model）という枠組みから研究され，実証データからの支持を得ている[14]．有名な例は，西アフリカにおけるクワ族のヤムイモ栽培の習慣とマラリア耐性の共進化だろう[8]．農耕によって水たまりの量が大幅に増えた結果，マラリアを媒介する蚊の繁殖地が拡大した．すると，病気に対する抵抗力をもつ対立遺伝子，鎌状赤血球遺伝子の頻度が自然淘汰によって増加した．鎌状赤血球遺伝子を二つもつ人は鎌状赤血球貧血という命にかかわる病気になってしまう．しかし，対立遺伝子をひとつだけもつ人は，比較的軽度の症状で済み，これが実はマラリアに対する防御になる．鎌状化した細胞は脾臓に認識されると除去され，そのついでにマラリ

ア原虫も一緒に洗い流されるのだ．その結果，鎌状赤血球遺伝子をひとつだけも
つ人は，二つもつ人およびまったくもたない人よりも生存率が高くなる．長期間
の作物栽培は鎌状赤血球遺伝子に対する自然淘汰を強め，その頻度を増加させ
た．ヤムイモを栽培しない別のクワ族集団では鎌状赤血球遺伝子の増加が見られ
なかったことから，ヤムイモ栽培のための開墾という文化的習慣が遺伝的進化の
引き金になったと結論づけられる．

◉ 10.6 社会制度と人口動態の共進化

　文化進化による進化的ニッチ改変のメカニズムは，人口動態を明示的に組み込
んだ社会制度の文化進化モデルからも描かれる．サイモン・パワーズ（Powers,
S.T.）とローレント・レーマン（Lehmann, L.）は，搾取的で専制主義的な政治
制度をもつ大きな社会が，平等主義的な政治制度をもつ小さな社会からいかにし
て文化進化しうるかを理論的に調べた[15]．モデルでは，人々は社会的な活動に
よって資源を生産し，それによって次世代へ残せる子の数が決まるとされた．人
口規模の大きい集団ほど，政治的な調整の難しさから資源生産の効率が頭打ちに
なっていく．だが，政治的リーダーをもつことで資源生産行動の調整がなされれ
ば，集団の環境収容力が高くなると仮定された．リーダーは，リーダーをもつこ
とを好む政治的態度を文化的に親から継承した次世代の中から，ランダムに選ば
れた．リーダーになると，生産された資源のうちいくらかをリーダー自身の懐に
入れることができる．どれくらい自分の懐へ入れるかも文化的形質だと仮定され
た．また，人々はコストを払えば他の集団へと移住することもでき，移住する確
率はリーダーが資源をどれだけ搾取するかに依存するとした．これは，リーダー
からの搾取にどれだけ寛容かという文化形質だ．

　彼らの分析の結果，リーダーからの圧政や弾圧をまったく仮定せずとも，経済
的に合理的な人々の意思決定の結果として専制主義的な政治制度は生じること
が明らかになった．まず，リーダーの存在が資源生産を十分に効率的にし，集団
サイズを成長させるならば，リーダーをもちたがらない文化の集団は生態学的な
競争で排除されてしまう．すると，人々は実質的にリーダーをもつ専制的な政治
制度の社会に縛られるようになる．とはいえ，移住にかかるコストが低いときに
は，収奪的なリーダーの元からは簡単に逃れることができる．人々に逃げられる
と生産できる資源が減ることになるためリーダーにとっては損である．したがっ

て移住コストの低い状況では，専制政治が生じたとしても，リーダーが占有する
資源の割合は低く抑えられ，資源の多くが人々に分配された．一方，移住にかか
るコストが高い環境の下では，高い費用を払って移住するよりもリーダーに搾取
される方が損は少ないという状況が生じるため，リーダーの資源占有割合は高ま
る．つまり，リーダーの存在による人口増加が，生態学的な競争によってリーダ
ーをもたない文化を排除し，その結果，人々にとってはどれだけ搾取に寛容でい
るべきか，リーダーにとってはどれだけ搾取すべきか，という行動戦略をめぐる
ゲームへと社会的環境が移行する．また，このモデルからは，経済合理的リーダ
ーは人々の移住コストを高めるインセンティブをもつことも予想される．このモ
デルの予測は人類の政治経済制度の進化パターンととても整合的で，現実をよく
説明している[2]．

　パワーズとレーマンのモデルでは，遺伝的形質への自然淘汰圧の変化は直接扱
われていない．しかし，政治制度の文化進化が人口動態および集団間の競争とい
う生態学的なプロセスへ影響を及ぼし，それが資源分配の不平等さという経済制
度の文化進化へとフィードバックする様子は，進化的ニッチへの影響をも容易に
想像させる．一般的に，社会制度とは，集団中の人々がプレイするゲームの構造
だといえる．先の例では，経済制度が収奪的になるかそれとも包括的になるか
は，リーダーという存在のもとで，ゲームのどの均衡点が選ばれるかという問題
に帰着された．このように，制度を構築し，適応すべき新しいゲームへ自らをさ
らすことを，山岸らは**社会的ニッチ構築**（social niche construction）とよんだ[16]．
特定の制度，すなわち特定の社会的ニッチのもとでは，特定の心理的傾向をもつ
ことが経済的，あるいは進化生態学的な有利さを個人にもたらすかもしれない．
冒頭であげた関係流動性の地域差のように，異なる地域や社会の間にみられる心
理・行動傾向の差を，社会的環境やゲーム構造の違いから説明する枠組みは，**社
会生態学的アプローチ**（social-ecological approach）あるいは**制度論的アプロー
チ**（institution approach）ともよばれる[1]．これは，人間の行動や心理が，外部
的に課された EEA への適応だとする伝統的な進化心理学とは対照的なアプロー
チだ．文化形質，ゲーム構造（社会制度や規範），そして行動戦略のあいだの共
進化動態の理解は，これからの心理学，ひいては実験社会科学が取り組むべき大
きな課題のひとつである．

■文　献

1) 山岸俊男（編）（2014）.『文化を実験する―社会行動の文化・制度的基盤』. 勁草書房.

2) Acemoglu, D., & Robinson, J.A.（2012）*Why Nations Fail: The Origins of Power, Prosperity, and Poverty*. Crown. 鬼澤忍（訳）（2013）.『国家はなぜ衰退するのか―権力・繁栄・貧困の起源』早川書房.

3) Kitayama, S., et al.（2009）. A cultural task analysis of implicit independence: Comparing North America, Western Europe, and East Asia. *J Pers Soc Psychol*, **97**（2）, 236-255.

4) 田村光平（2020）.『文化進化の数理』森北出版.

5) Mesoudi, A.（2011）. *Cultural Evolution: How Darwinian Theory Can Explain Human Culture and Synthesize the Social Sciences*. University of Chicago Press. 野中香方子, 竹澤正哲（訳）（2016）.『文化進化論―ダーウィン進化論は文化を説明できるか』NTT 出版.

6) Hoppitt, W., & Laland, K.N.（2013）*Social Learning: An Introduction to Mechanisms, Methods, and Models*. Princeton University Press.

7) Warner, R.R.（1990）. Male versus female influences on mating-site determination in a coral reef fish. *Anim Behav*, **39**（3）, 540-548.

8) Laland, K.N.（2017）. *Darwin's Unfinished Symphony*. Princeton University Press.

9) Rogers, A.R.（1988）. Does biology constrain culture? *Am Anthropol*, **90**（4）, 819-31.

10) Rendell, L. et al.（2010）. Why copy others? Insights from the social learning strategies tournament. *Science*, **328**（5975）, 208-213.

11) Enquist, M., et al.（2010）. One cultural parent makes no culture. *Anim Behav*, **79**（6）, 1353-1362.

12) Morgan, T.J.H. et al.（2015）. Experimental evidence for the co-evolution of hominin tool-making teaching and language. *Nat Comm*, **6**, Article 6029.

13) Odling-Smee, F.J., Laland, K.N., & Feldman, M.W. *Niche Construction: The Neglected Process in Evolution*. Princeton University Press. 佐倉統・山下篤子・徳永幸彦（訳）（2007）『ニッチ構築―忘れられていた進化過程』共立出版

14) Henrich, J.P.（2016）. *The Secret of Our Success: How Culture Is Driving Human Evolution, Domesticating Our Species, and Making Us Smarter*. Princeton University Press. 今西康子（訳）（2019）.『文化がヒトを進化させた―人類の繁栄と〈文化-遺伝子革命〉』白揚社

15) Powers, S.T. & Lehmann, L.（2014）. An evolutionary model explaining the Neolithic transition from egalitarianism to leadership and despotism. *Proc R Soc B*, **281**（1791）Article 20141349.

16) Yamagishi, T., & Hashimoto, H.（2016）. Social niche construction. *Curr Opin Psychol*, **8** 119-24.

Chapter 11
進化心理学と道徳

内藤　淳

　進化心理学における道徳の研究は1980年代以降に特に発展したが，なかでも，利他行動の強い動機づけという適応的効果によって，生得的な道徳感覚が進化の中でヒトの心に備わったとするルースの考え方が，その後の研究展開の起点となった．その道徳感覚の中身と働きを具体的に示した研究がハイトの道徳基盤理論で，道徳判断における直観の役割を強調するその内容は，従来の理性主義的な道徳観を批判し直観主義を後押しする，道徳心理学上重要な意義を含んでいる．また，ルースの見解を受け継いでストリートなどによって提唱された進化的暴露論証は，メタ倫理学の道徳的実在論への有力な批判として現在大きな論争を巻き起こしている．さらにグリーンは，この論証に基づいて，規範倫理学における義務論の妥当性を崩し，帰結主義の優位性を示す主張を展開しており，現代の進化心理学の道徳研究は，道徳心理学，メタ倫理学，規範倫理学の各領域にわたって大きな影響を及ぼしている．

　道徳の下で「善悪」「正不正」の判断をすることはヒトという生物の大きな特徴で，進化心理学にとっても重要な研究課題となってきた．ただし，道徳的に何が「善い／悪い」か，何を「すべき／すべきでない」かという価値・規範的な議論は，科学的な事実の解明とは直接結びつかない．よってそうした問題は主に倫理学で扱われ，進化心理学では，道徳やそれを扱うヒトの能力の起源や成立要因といった事実を扱う研究が積み重ねられてきた．しかしその結果，現在では，進化心理学の研究のなかに道徳に関する多角的な含意が見出され，それがいくつもの研究領域に影響を与えている．本章では，そうした意味や影響を，最近の研究例を踏まえながら整理してみたい．

◉ 11.1　利他性と道徳性の区別

　進化心理学の道徳研究は，血縁淘汰や互恵的利他主義の理論，間接互恵の理論

など，ヒトの利他行動を適応の観点から説明する理論を土台にして，特に1980年代以降に進展した．これらの理論により，利他行動やそれを喚起する心理的性質（共感や愛情などの感情作用）が「進化のなかで適応として発達したもの」と説明されたことを受け，道徳も適応の観点から説明するというのがそこでの基本的な考え方である．

　ただし，その際に気を付けなければならないのは，「利他性」と「道徳性」，「利他的」な行動と「道徳的」な行動は，概念として同じではないということである．相手のためになる行動を「しよう」「したい」と思って行うのと，「すべき」と思ったうえで行うのとでは意味が違う．前者はヒトの「利他性」の表れではあるが，それだけでは「道徳性」を意味しない．孫かわいさから車や時計を買い与えるおじいちゃんの行為は，「利他的」行動であるかもしれないが，必ずしも「道徳的」ではないだろう．そういう行いを「善い／悪い」「すべき／すべきでない」と規範的に評価し，その評価に基づいて行動することが「道徳的」な——道徳にかかわる——判断や行動である．

　これに対して，「善」とか「べき」とかを意識せず，「難民の苦境をとにかくなんとかしたいと願って」募金活動にいそしむといったふるまいだって十分「道徳的」だと思う人がいるかもしれない．しかし，その場合も，そのように「願って」「行動する」ことを——どの程度意識するかはともかく——本人もしくは他者が「善いこと」だと規範的に評価するからこそ，それが道徳の範疇で捉えられる．善悪とまったく切り離して「難民への支援」を考えるのであれば，それは道徳問題ではなくなる．

　加えて，このときの規範的な評価が，本人の欲求や嗜好に優越する意味をもつのも道徳の重要な特徴である．「人を殺してはいけない」という道徳規範は，本人が「あいつを殺したい」「人殺しって素敵だ」といった欲求や嗜好をもっていたとしても，それをこえてその人に人殺しをしないよう指令するものであり，自身の欲求や嗜好を根拠にその適用を避けることができないという「不可避性」を伴っている．もちろん，そのこととその指令が実際に守られるかどうかはまた別の話で，それでも自分の欲求を優先して人を殺してしまう人も現実にはいるだろう．しかし，そういう人はその不可避的指令を受けつつそれを破る「反道徳的」な行いをしているのであって，道徳自体はそうした不可避的規範性を常に伴って成立している．

　こうした不可避的規範性が道徳に必須の要素であるから，道徳の研究にあたっ

ても，それを含んだヒトの意識や思考，判断，行動などがその対象になる．先に述べたように，進化心理学では，ヒトの利他的な性質や行動についての研究が蓄積され，それを土台に道徳研究が進んだが，利他性だけに焦点を当てた研究は——その土台や関連要素にはなっても——道徳や道徳性の研究にはならない．それを規範的に評価する思考・判断（能力）や，その評価に基づく反応・行動（能力）などを扱うものが道徳研究になる．

◉ 11.2　ルースの「道徳感覚」論

その道徳に関する現在までの進化心理学の研究において，鍵になるのがマイケル・ルース（Ruse, M.）の理論である[1]．ルースの考え方はその後の研究の重要な起点となったので，それを概観するところから話をはじめよう．

ルースは，道徳とそれを扱うヒトの能力は，以下のような形で，進化の作用のなかで形成されたという．血縁淘汰や互恵的利他主義の理論で示されるように，ヒトの社会では，利他行動や協調行動をとることが当人の適応的な利益（遺伝子レベルでの利益）につながる．それゆえ，そういった行動を自身に喚起するための内面作用をヒトは進化の中で身に付けた．自分のコドモに対する愛情や仲間への友情など，「相手のため」の行為を「しよう」「したい」と意欲させる感情がそれである．しかし，これだけだとその効果が不確実で，時々の状況によってはその感情よりも目先の欲望や損得などが優先されて，利他行動ではなく自分本位な行動が出てきてしまいがちになる．自分のコドモに愛情はあっても，疲れていたり他にどうしてもやりたいことがあったりするとその世話が疎かになりかねない．しかし，それでコドモの安全や成長が害されれば，当の本人（親）の適応上マイナスになるので，それを防いで，「コドモの世話」などの利他行動・協調行動をより確実に起こせるようになるのがヒトという生き物にとって適応的である．そのため，ヒトには，それらの行動を「したい」と意欲する感情に加えて，「すべき」と規範的に感じる義務の意識，すなわち**道徳感覚**（moral sense）が進化した．これが心に備わり働くことで，利他行動が強固に動機づけられ，愛情などの利他的感情の働きが弱い場合も含めてその実行確率が上がって，各人は適応的利益を着実に確保できるようになる．

とはいえ，われわれが「とるべき」具体的な行動は場面や状況によって多種多様で，それに対応した個別の指令を遺伝的・生得的に備えるのは不可能である

（「子どもがスマホゲームをやりすぎないよう注意すべし」といった指令は生得的には備わらない）．それらは，各人が生まれ育つなかで個々に身につけていくしかない．しかし，それを何の方向づけもないまま，個別状況に応じて各個体が「白紙」の状態からいちいち判断していては行動ごとの負荷が大きすぎるし，前述のように目先の欲望に負けて利他行動ができない場合も増える．道徳感覚とは，いわばその中間戦略としてヒトに進化したもので，具体的な行動ではなく，それに対する抽象的・一般的な方向づけとして，たとえば「自分のコドモの世話をする」「恩を受けたら返す」といった「類い」の行動を「すべき」と感じる生得的な感覚である．

　そのときの本人の欲求や嗜好をこえて利他行動をその人に起こさせるためのものなので，ここでの「べし」の拘束性は，主観をこえた客観性を伴う感覚として各人のなかで発生し，認識される．すなわち，「不可避的規範性を伴う感覚」として道徳感覚はヒトに備わる．この感覚を基に，それを個別の状況や条件に照らし合わせながら各人は具体的に道徳的な思考・判断をし，行動を選択していく．そうした判断や行動が集積されて，指令や規則として認識されたものが道徳規範になるので，道徳の基礎は，進化によってヒトに生得的に備わったこの道徳感覚にあるというのがルースの見解である．

　ここには，その後の研究展開につながる特徴的な含意が複数ある．以下ではそれを，道徳心理学，メタ倫理学，規範倫理学という三つの領域との関連に分けて述べていこう．

◉ 11.3　道徳心理学での展開

　ルースの見解の第一の特徴は，道徳的な判断や行動の基礎を，道徳感覚という，後天的でなく生得的，論理ではなく感覚的なものに見出す点にある．この考え方を発展させ，道徳感覚の中身と働きを詳細に示した研究としてジョナサン・ハイト（Haidt, J.）の**道徳基盤理論**（moral foundations theory）があげられる[2]．

a.　ハイトの道徳基盤理論
　ハイトによると，ヒトは生得的な道徳受容器を備えており，それが道徳的な思考や判断の源になる．これがルースのいう道徳感覚に相当し，進化の過程で先祖が直面した重要な適応課題に対応して発達した六つの基盤要素（「ケア／危害」

「公正／欺瞞」「忠誠／背信」「権威／転覆」「神聖／堕落」「自由／抑圧」）の組み合わせで構成される．たとえば，小さな子どもが暴力にさらされている場面を見たときには，この中の「ケア／危害」基盤が刺激され，子どもの保護に向けた情動反応が喚起されて，それに即した判断――「暴力は悪だ」「止めるべきだ」――が引き出されるというように，ヒトの道徳判断は，状況や刺激にこれらの各基盤が反応することでなされる．重要なのは，この反応が，情動を伴う直観として生じるということで，道徳判断は，まず直観によってすぐに答えが出されて，その後に合理的な思考が働いてその答えの理由づけを行うという「直観→判断（結論）→思考（理由づけ）」の順序で生じる．

　これらの各基盤要素は，各人が生まれ育つなかで，環境や文化，教育などの影響を受けて，異なる度合いで強化・活性化されるので，それに応じて各人の道徳受容器の中身には違いが生まれる．これが人それぞれの道徳意識や道徳観の違いとなり，たとえば，リベラルな社会や家庭で育った人は「ケア／危害」「公正／欺瞞」「自由／抑圧」要素が強化されやすく，これらを重視する道徳意識をもつようになる．他方，保守的・伝統的な環境で育った人は，それと合わせて「忠誠／背信」や「権威／転覆」「神聖／堕落」要素も強化されやすいので，それらにも依拠した道徳意識をもつようになる．

b.　その意義①：直観主義

　ルースとハイトのこうした研究には，道徳にかかわる心理作用の探究，すなわち道徳心理学に関して，従来の考え方に見直しを迫る二つの重要な視点が含まれている．第一は直観主義，第二は道徳の構成要素の多様性である．

　従来の道徳心理学では，道徳とは理性によって見出されるもので，道徳的な判断は合理的思考に基づいて下されるという理性主義や合理主義の考え方が，強い影響力をもっていた．有名なローレンス・コールバーグ（Kohlberg, L.）の理論はそれをよく表しており，そこでは，幼少期からの人間の道徳性の発達が，物理的な罰を回避したり周囲からの承認を志向したりする他律的・現実反応的な段階から，普遍的な一般原理に照らして物事の是非善悪を整合的・自律的に判断する高次の段階に至る6段階で捉えられている[3]．道徳の中心を一般的視点に基づく原理原則に見出し，推論を通じてそれを個別事例に整合的に適用することで道徳判断がなされるとする理性主義・合理主義の道徳観がその根底にあり，そうした判断を主体的に行えるようになるまでの「合理的思考能力の成長」過程として道

徳性の発達段階を捉えるのがここでの考え方になっている.

これに対して，ルースとハイトの理論は，情動反応を伴う直観が道徳判断を主導するという直観主義に立つ．合理的思考の役割は直観を後追いする理由づけなので，コールバーグの示す発達段階は，道徳性や道徳判断そのものではなく，その理由づけの上達過程を表すものと捉えられる．もちろん，ハイトの理論でも，ある人の善悪の見方や道徳判断の中身が年齢と共に変化しうることは否定されないが，それは他者の意見や周囲からの刺激を通じてその人の直観が変化することで起こるのであり，道徳判断が直観主導でなされることに変わりはない．

理性主義・合理主義と直観主義との対立は，道徳心理学のみならず倫理学でも歴史的な争点になってきたが[4]，進化の観点から後者の立場を打ち出し，今後の議論と検証に道を開くところに，これらの研究の特徴的な意義が見出せる．

c. その意義② : 道徳の基盤要素の多様性

2点目は，道徳以外の規範（慣習など）と対比したときの道徳の特徴づけに関係する．従来の道徳論では，道徳を構成する中心要素は他者に対する「危害」の防止や「公正」の保障にあり，それにかかわらない礼節や食生活などに関するルールは社会ごとの慣習にあたるとされてきた．コールバーグの理論で，道徳の普遍的原理が「公正」にかかわるとされ，他者の立場に立つ役割取得の能力を身につけることが個々人の道徳的発達の必須の要素とされることにもそれが表れている[5]．

これに対して，ハイトは，異文化にまたがる調査を通じて，このような道徳理解自体が欧米文化の産物であって，インドなどでは礼節や食生活のルールなども道徳規則の一環と考えられていることを示した[2]．道徳の基礎にある生得的感覚には，「危害」「公正」以外の「忠誠」「権威」「神聖」などの要素がもともと含まれており，社会環境による各々の強化度合いによって，そのなかの何を重点とした道徳意識が個々人に形成されるかが変わる．このようにして，欧米型の「危害」「公正」中心の道徳観を相対化し，道徳の生得的基盤要素の多様性を示して，文化的・個人的な道徳意識の違いをそこからの派生として説明するモデルを提示したところに，ここでの進化的研究のもうひとつの重要な意義が見出せる．

d. 反 論

これらの主張に対して，理性主義や合理主義の側からは，ここで示される感覚

や直観の作用は，道徳的な思考や判断のいわば初動に相当するにすぎず，感覚的・直観的な答えを一般原理や他の事例と照らし合わせて論理的に吟味し，適宜それを修正して「正しい答え」に近づけていく「批判的熟慮」のプロセスが道徳的思考には伴うのであり，それこそが道徳的な思考・判断の中核だという反論が出されるだろう．実際，たとえば「凶悪犯は死刑に処すべき」という判断を「直観」で下し，その理由も「思考」してしっかりあげた人が，その後，犯罪や死刑に関する歴史や理論を詳しく学び，様々な主張を吟味し「熟慮」した結果，死刑反対論を支持するようになるといったケースはおおいにありえるわけで，道徳判断における情動や直観の役割を認めたうえでも，なお理性主義・合理主義を維持する主張がなされうる．ハイト自身もこうした反論を意識しているが，この点は，次節の進化的暴露論証をめぐる論点にもつながるので，そこで改めて言及する（11.4節c項参照）．

◉ 11.4　メタ倫理学での展開

　ここで話をルースに戻すと，そこにはもうひとつ注目すべき特徴が見出せる．それは，前節で述べた心理的事実に関する主張をするだけでなく，そこにメタ倫理学的な主張を組み込むところである．

a.　メタ倫理学における道徳的実在論

　倫理学には，われわれの行為や生き方の是非・善悪を考える規範倫理学の領域と，そこで用いられる道徳的な概念の意味や道徳そのものの性質を分析するメタ倫理学の領域がある．ルースも強調しているように，道徳とは，各人の主観的な欲求や嗜好をこえた不可避的拘束力を伴いながら，一定の行為や態度をわれわれに指令するものである．そのことを踏まえて，従来のメタ倫理学では，道徳は――数学の計算や定理がわれわれ各々の態度や評価とは独立に，真理として成立しているのに似て――われわれの心とは独立に，その外側に客観的真理に基づいて実在していると考える**道徳的実在論**（moral realism）が強い影響力をもってきた．

　われわれが動物虐待を「悪い」と判断するとき，それはあなたや私がそのように思うがために悪になるのではなく（それだとそう思わない人にとっては動物虐待が悪でなくなってしまう），動物虐待という行為の側に「悪さ」という性質が

実際にあって，それをわれわれが認知して受け取ることで「動物虐待は悪い」という判断が生まれる．動物虐待は客観的な真理・事実として「悪」なのであり，これを「悪くない」と考えるのは，「2 + 2 は 7 だ」と考えるのと同様に，真理に反した「間違い（偽）」である．こうした形で，道徳を，実在する客観的な真理・事実から成り立つものと捉えるのが，道徳的実在論の考え方である（これに対して，道徳の実在性を否定する立場を**道徳的非実在論**（moral anti-realism）という）．

b. 進化的暴露論証による道徳的実在論批判

ルースと，その主張を発展させて**進化的暴露論証**（evolutionary debunking arguments）を提示した 2 人の哲学者，シャロン・ストリート（Street, S.）[6]とリチャード・ジョイス（Joyce, R.）[7]は，この道徳的実在論を切り崩す主張をした．道徳的な判断や信念の大元は生得的な道徳感覚にある．すなわち，道徳とは，われわれの心の内にある感覚の表れとして成立する．そしてその道徳感覚は，進化の中でヒトの適応的利益を反映して形成されているので，つまり道徳は，ヒトの適応的利益を根本的な土台として成立している．「子の養育」や「恩返し」が道徳的に「善い」「すべき」こととされるのは，「これらの行いがわれわれの祖先の適応的利益につながった」ために，「これらに規範的拘束性を感じて行動を方向づけられる心性」をヒトが備えたからである．「子殺し」や「恩を仇で返す」のが「悪い」のも同じ理屈で，「適応的利益を反映して形成されたヒトの心の性質」の作用・表れとして道徳や善悪は成り立っている．そうした利益や心性とは別のところ——先験的な観念の世界など——に「客観的真理としての善悪」があって，それに基づいて成立しているのではない．

われわれが道徳的な善悪や「べし」を，個人の主観を超えた客観的な意味を込めて認識するのは事実だが，前述のように，これも，そのように認識することが適応的であったことからそういう認識枠組みをヒトが備えたためであり，それが本当に客観的であるからではない．道徳や善悪の客観性は，いうなれば，進化の結果としてわれわれヒトが生得的にいだいている「共同幻想」である．こうして，道徳の源が進化的適応にあることが進化心理学によって「暴露」されると，メタ倫理学の道徳的実在論が否定される．

c. 反　論

　進化的暴露論証のこうした主張に対しては，倫理学者の間から様々な批判や反論が出ており，この論争は現代のメタ倫理学の一大課題となっている．例として，前節でも触れた「熟慮」プロセスを重視する反論をあげておこう．

　適応効果を反映した道徳感覚から一定の道徳的な判断や信念形成がなされるとしても，われわれは合理的思考を通じてそれを批判的・内省的に吟味し，一般原理と照らし合わせつつ修正したり調整したりして道徳的真理を見出して，それに基づく「真なる」判断・信念形成を行っている．それゆえ，道徳感覚やそこから生じる直観が適応的利益を反映したものだと暴露されても，道徳的真理の実在性は否定されないし，その真理に依拠した判断や信念形成をわれわれが行うことも否定されない．これがその反論の骨子になる[8]．

　これに対してストリートは，道徳的な思考・判断に「熟慮」プロセスが伴うことを認めたうえで，事実的な判断とは違って，そこには常に規範的評価が絡んでくるので，その評価に生得的な感覚が不可避的に関与すると応じている．規範的判断の合理性は，他の規範的判断との整合性で判定されるが，そうした判断の連鎖の基礎もしくは起点になる規範的評価そのものは合理的推論からは引き出せず，感覚（や感情）に照らして生み出されるからである．つまり，「熟慮」プロセスを含めて，道徳的な思考・判断は「生得的な感覚によって方向づけられた規範的評価」を伴って成立するのであって，進化や適応的利益から独立したものにはならないというのが進化的暴露論証側の再反論になる．

　この論争は進行中で，検討はまだ途上であるが，進化心理学が現代のメタ倫理学に大きな楔を打ち込み，議論の進展に寄与していることは間違いない．

d. 道徳的虚構主義にみる道徳の機能

　ところで，進化的暴露論証によって道徳が「幻想」だと示されると，ではその先，われわれは道徳をどう扱ったらよいのだろうか．そんなものは捨て去るのか，それとも何かに活用できるのか．これについて，前出のジョイスが唱える**道徳的虚構主義**（moral fictionalism）によると，たとえそれが真理と結びつかない虚構（fiction）であっても道徳の機能は有効で，われわれは引き続きそれを積極的に活用できるという．その機能とは，個人レベルでの「適応行動の効率的導出」と，集団レベルでの「社会的接合」である．

　このうち前者はルースのところの説明で述べたとおりで，道徳感覚が行動の動

機づけとして働くことで，われわれは適応的な行動を迅速かつ確実にとることができる．友人との約束を破ってしまおうかと迷ったとき，「なぜ約束を守らなければならないか」をじっくり——カントなどの著作を精読して——考えてから結論を出すのでは多大な時間と労力がかかって生活に支障が出る．しかしそこで「約束は守るべき」と直観的・瞬間的に感じ，それに突き動かされることにより，われわれはそれに即した適応的な——自身の長期的利益にかなう—行動の選択を，無駄（？）を省いて迷いなく，素早く行うことができる．

　加えて，道徳は，自分の行動と他者の行動の両方を同じ土俵に載せて評価する共通枠組みを生み出し，集団的な行動調整や意思決定を可能にする．「好き／嫌い」や「したい／したくない」は，本人の行動を左右しても他者の行動を左右する要素にならない．「私は献血が好きだからあなたが献血せよ」はおかしい．他方，「べし」はそうではなく，「献血すべき」は私にも他の人にも適用され，私がそう思うならばその内容は他者にも向けられる．「べし」の次元で行動が捉えられ，「善／悪」「正／不正」の評価がされることで，個々人をまたいだ行動の促進や抑制が行えるようになる．道徳はこうして，各人の行動を「共有された正当化の枠組み」で結びつけて集合的に評価したり調整したりする社会的接合の機能を担っている．

　これらの機能は，そこでの評価内容が真理であるか否かによらず，われわれが道徳的な「べし」次元の思考・判断を行うこと自体によって果たされる．殺人や泥棒が「真に」悪いのでなくても，それらを「悪い」と各人が思うならば，個人レベルでも社会レベルでもその抑制が図れる．こうした機能が発揮されるように，道徳的な感覚や思考を積極的に活用しようというのがジョイスの見解で，道徳の「機能の理解と活用」の議論を発展させる効果を，進化心理学の道徳研究は含んでいる．

◉ 11.5 規範倫理学での展開

　進化的暴露論証の影響は，メタ倫理学をこえて，さらに規範倫理学にも及ぶ．先にもふれたとおり，規範倫理学とは物事の規範的な是非を検討する領域で，そこでの主要な立場として，行為の「正／不正」をその結果のプラス／マイナスで判定する帰結主義と，行為そのものの道徳原理への適合性で判定する義務論がある．ジョシュア・グリーン（Greene, J.）は，進化的暴露論証によってこのうち

義務論の妥当性が崩されるのに対して，帰結主義はその影響を受けないのでこちらの妥当性が裏付けられるという主張を展開している[9]（規範倫理学にかかわるこの主張は「ローカルな進化的暴露論証」とよばれ，メタ倫理学における「グローバルな進化的暴露論証」と区別される）[10]．

グリーンは，スタノビッチの二重過程モデル（1.4節参照）にならって，道徳判断で用いられるヒトの思考過程を，自動的な直観・感情反応（オートモード）と意識的な推論（マニュアルモード）とに区別する．そのうえで，義務論では，マニュアルモードの推論を通じて，行為の「正／不正」を一般原理に照らして合理的に評価するようにみえて，まさにハイトが示すように，その判定は実はオートモードの直観に依拠しており，推論が行うのはその理由づけにすぎない．この直観が道徳的な真理ではなく適応的利益を反映しているのは進化的暴露論証が指摘するとおりで，それゆえ義務論は，真理に依拠した合理的な妥当性をもてない．他方，帰結主義は，行為そのものではなく，その結果として当人や周囲に生じる効果や利害を推定・計算して当該行為の「正／不正」を評価する．ここで用いられるのはマニュアルモードの推論だから，直観が適応的利益の反映だと暴露されても，その評価に影響はない．こうして，進化的暴露論証に基づいて，規範倫理学における帰結主義の優位性・妥当性が示される．

グリーンのこうした主張にももちろん様々な課題があり，理論的・経験的な検証がなされているところだが，規範倫理学という，科学的な事実解明とは異質とされてきた領域においても，進化心理学の知見が活用され，新しい視角を生み出していることは注目に値する．

以上のように，かつて自然主義的誤謬の指摘を通じて「進化論は倫理学に対して言うべきことをほとんど持っていない」（ムーア，1973年版邦訳 p. 75）[11]といわれた時代から時を経て，進化心理学は──誤謬に陥ることなく──道徳心理学から倫理学の各領域にわたって幅広い影響をもたらす，道徳研究進展の橋頭堡となっている．

■文　献

1)　Ruse, M. (1986). *Taking Darwin Seriously: A Naturalistic Approach to Philosophy*, Blackwell.

2)　Haidt, J. (2012). *The Righteous Mind: Why Good People Are Divided by Politics and*

Religion. Pantheon. 高橋洋（訳）（2014）.『社会はなぜ左と右にわかれるのか―対立を超えるための道徳心理学』紀伊國屋書店.

3) Kohlberg, L. (1969). Stage and sequence: The cognitive-developmental approach to socialization. In D. A. Goslin（Ed.）, *Handbook of Socialization Theory and Research*（pp. 347-480）. Rand MçNally. 永野重史（監訳）（1987）.『道徳性の形成―認知発達的アプローチ』新曜社.

4) 児玉聡（2010）.『功利と直観―英米倫理思想史入門』勁草書房.

5) 荒木紀幸（1997）.「道徳性とは」. 荒木紀幸（編著）『続 道徳教育はこうすればおもしろい―コールバーグ理論の発展とモラルジレンマ授業』（pp.122-133）北大路書房.

6) Street, S.（2006）. A Darwinian dilemma for realist theories of value. *Philos Stud*, **127**, 109-166.

7) Joyce, R.（2006）. *The Evolution of Morality*. MIT Press.

8) Fitzpatrick, W.J.,（2017）. Why Darwinism does not debunk objective morality. In M. Ruse & R.J. Richards（Eds）, *The Cambridge Handbook of Evolutionary Ethics*（pp.188-201）, Cambridge University Press.

9) Greene, J.D.（2014）. Beyond point-and-shoot morality: Why cognitive（neuro）science matters for ethics. *Ethics*, **124**, 695-726.

10) 太田紘史（2021）. 二つの倫理学領域における進化的暴露論証―対比と反省, 社会と倫理, **36**, 107-120.

11) Moore, G.E.（1903）. *Principia Ethica*. Cambridge University Press. 深谷昭三（訳）（1973）.『倫理学原理』三和書房. 泉谷周三郎・寺中平治・星野勉（訳）（2010）.『倫理学原理　付録：内在的価値の概念／自由意志』三和書籍.

Chapter 12
進化心理学と宗教

石井辰典

　宗教を明確に定義することは難しいが，神仏や精霊といった超自然的な存在に対する信念・信仰をもつことやそれに関する儀式に参加すること，あるいは信念・信仰を日常生活の行動規範としたりすることは，一般的に宗教的であるとされる．したがって宗教とは，人々の心的活動や行動を方向づけているものといえるだろう．そしてこうした宗教は，広く世界中に存在し，多くの人々が宗教に携わっている．本章では，宗教に対する心理学的研究の近年の動向を紹介するとともに，進化心理学的アプローチによって多くの興味深い仮説や知見が生まれ，宗教に対する多面的な理解が進んでいることを解説する．特に，宗教的な信念や行動規範は，ときとして近代社会で共有される信念や行動規範とは整合しないことがあり，そのために非合理的とみなされることもあるが，このような見方は進化の視点から大きく転換されることになるかもしれない．

◉ 12.1　宗教と進化の「対立」

　読者のなかには，宗教は進化という考え方とは調和しにくいとのイメージをもたれる人もいるのではないだろうか．確かに，地球上に多様な生物が存在する理由について，宗教と進化生物学とでは必ずしも見解が一致するわけではない．たとえば，啓示宗教（イスラム教，ユダヤ教，キリスト教）には，多様な生物は歴史上のある短い期間で神に創造されたとする考え方（創造説）がある．これは，生物の特徴はそれぞれの生活環境に適応した形へと長い時間をかけて世代を通じて変化をするのであり，生物が多様なのはその結果であるという進化生物学の説明とは大きく異なるものである．

　もちろん，神学のなかにも進化生物学の考え方を積極的に受け入れる分野はあり，またキリスト教カトリック教会の教皇ピウス12世やヨハネ・パウロ2世は生物進化の考え方を容認する発言をしたことも知られている．こうした融和的な

動きを考慮すれば，一概に宗教を進化という考え方と対立するものとみなす必要はないだろう．ただそれでも，自然科学の立場から宗教を否定する議論[1]がなされていたり，あるいは日本・欧州・米国で行われた調査[2]によると，欧米圏では宗教を信じる人ほど生物の進化の考え方を否定するという負の関連が報告されたりしている．こうしたことから，両者が互いに相容れないものと認識される状況は依然として存在しているといえる．

一方で，心理学者にとっては進化という考え方は宗教の理解に役立つものである．心理学者は，宗教にかかわる心や行動を理解しようとしてきたが，それらが適応のための道具であるという視点をとることで検証可能な多くの新たな仮説を導き出せるためである．実際に，適応論的視点に基づく宗教研究は 2000 年前後から盛んになり，私たちの宗教の理解を深める多くの知見を産出している．ただしこうした宗教研究は，心理学の一部というより，宗教認知科学と呼ばれる分野において発展してきた．そこで以降では，まず宗教認知科学がどのような特徴をもつ研究領域であるのかを紹介し，その後，宗教にかかわる心・行動を適応の道具としてみるとは一体どういうことなのかを実際の研究を紹介しながら説明していくこととする．

◉ 12.2 宗教認知科学

宗教にかかわる心や行動についての研究自体は，とりたてて新しいものではなく，心理学の成立前後から宗教はそのテーマのひとつに数えられてきた．たとえば，米国の最初期の心理学者であるウィリアム・ジェームズ（James, W.）やエドウィン・スターバック（Starbuck, E.D.）は，それぞれ『宗教経験の諸相』[3]，『宗教の心理学』[4]を著しているし，本邦においても『心理研究（国内の主要心理学雑誌「心理学研究」の前身）』の第 1 巻で，青年が宗教に興味を覚えはじめた年齢やその動機についての調査結果が報告されている[5]．その後も，人々の宗教に対する考え方や態度，それらとパーソナリティの関連，あるいは宗教にふれることによる考え方や心身健康の変化といったことについて，国内外で継続的に研究がなされている[6]．このように心理学者は，宗教心や宗教的態度といった抽象的な心的概念（構成概念）に注目し，その構造や機能を経験科学的に探求してきたのである．

それに対して宗教学者や人類学者，歴史学者，哲学者などは，世界に存在する

多様な宗教について，具体的にどのような儀式や儀礼が行われているのか，どのような超自然的・超常的な存在が信じられているのか，あるいはそれらが歴史的にどう変遷してきたのかといったことに注目し，そうした情報の収集・分析から宗教という人間の営みそのものを理解しようとしてきた．そして，こうした人文学者は1980〜90年代，認知科学に基づく言語研究の急速な展開（認知言語学）を受け，多様な宗教現象を博物学的に記録・整理するだけでなく，それらについて認知科学の枠組みを利用し統一的に説明することを試みたという．これが**宗教認知科学**（cognitive science of religion）のはじまりとされる[7]．

　たとえばステュワート・ガスリー（Guthrie, S.）は1980年に，当時の人類学やその他の人文学的研究には宗教に関する理論が欠けていると指摘するとともに，様々な宗教に共通するのは，経験する現象を擬人化して理解・解釈しようとする人々の傾向であるという認知的な議論を展開している[8]．またトーマス・ローソン（Lawson, E.T.）とロバート・マコリー（McCauley, R.N.）は，宗教儀式を「ある結果を得るために行為者が受け手に対し働きかける（例えば，神に受け入れてもらうために司祭が乳児に水を振りかける）」という構造をもつ一連の行為としてモデル化し，こうしたモデルは宗教儀式に固有なものではなく，通常の対人相互作用を理解するときに人々が日常的に用いている認知的枠組みであると議論している[9]．そしてこうした議論に対しては実証的な検証が行われ，実際に擬人化を含めたいくつかの認知傾向が神や天使といった超自然的存在を信じる傾向（**宗教的信念**，religious belief）を説明すること[10]や，儀式について知識のない学生でも，宗教儀式の構造やそれを成立させる重要な要素は何かといったことについて理解できること[11]などが示されている．

　宗教認知科学は，その名前の命名者の1人であるジャスティン・バレット（Barrett, J.）によれば，次のような特徴をもつ分野とされる[12]．まず宗教を自然な（natural）ものとする視点をもつ．つまり，宗教にかかわる思考や行動を決して特殊なものとみなさず，また人間のなかに宗教に特化した心的機能があるとも想定しない．それらはむしろ，日常生活で作動し使用されている一般的な認知機能から説明可能なものとみなす．第二に宗教認知科学では，宗教そのものを扱うのではなく，宗教にかかわる特定の思考や行動のパターンを取り上げる．そしてそれらが日常の認知機能からどのようにして生まれたのかについて仮説を立て，その検証を行う．このように宗教を構成する要素について実証的研究を行うことによって，宗教現象についてありうる解釈を提案するのではなく，むしろ

国・地域をこえて共通して見られる宗教現象に対して統一的な説明を提供することを目指す．またこうした説明は，人類学や歴史学といった分野の知見を補完するものと位置づけられている．最後に，宗教に対して認知科学的アプローチをとる研究者は人類学，歴史学，社会学，心理学など様々な分野におり，多様な方法論（エスノグラフィー，インタビュー，歴史学的・考古学的・実験的方法，コンピューターモデリングなど）が用いられている点も，特徴のひとつに数えられている．

　宗教認知科学は，1990 年の成立後早い段階で進化心理学的な視点を導入している[13]．つまり宗教にかかわる思考や行動を生み出す一般的な認知機能がどのようにして進化の中で獲得されたのかが論じられるようになった．たとえばバレットは，神のような物理的実体を伴わない超自然的行為者を想像できるのは，人々が過剰に物事に意図を見出す傾向をもっており，実際には行為者が存在しなくても行為者がいると認知するバイアスをもつからだと述べており，これを“Hyperactive (hypersensitive) agent-detection device”（**HADD**）とよんでいる[14]．そしてこうした過剰に行為者を検出するバイアスをもつことは，進化の過程を考えると適応的であっただろうと議論している．というのもこうしたバイアスは，本当は行為者が潜んでいないのに「いる」と判断するという偽陽性を生むことになるが，その一方で，たとえば実際には天敵が潜んでいるのにそれを検出しそこねるといった偽陰性は減ることになる．偽陰性に伴うリスクの大きさを考えれば，このバイアスは個体の生存確率を高めたのではないかと推察されるのである．その他にも，人は祈りや儀式などにおいて神や精霊とコミュニケーションをとっているとの感覚を得るとされるが，こうした現象には心の理論あるいはメンタライジング能力の関与が指摘されている[15]．**心の理論**（theory of mind）とは他者の行動に心的状態（考え，感情など）を帰属する能力のことで，ヒトが進化し，社会関係を複雑化させる過程で獲得したとされる．そしてこの能力が，超自然的行為者も人間と同じように考えたり，感じたりする存在であるとの擬人化を促進し，それによりそうした存在の実在感やそうした存在とコミュニケーションをしている感覚が強く生じるのだと考えられている．

　HADD や心の理論と宗教的信念の関連についてはいくつもの実証的研究が行われている．たとえばある研究[16]では，参加者に風景写真を提示し，顔にみえるような部分をみつけたら報告するように求めた．すると 宗教的信念や超常的現象の信念の強い参加者は，それらが弱い参加者よりも，単なる風景写真のなか

に顔をみるという偽陽性反応が多く認められたという．心の理論についても，た
とえばその個人差の指標が宗教的信念と正の関連にあることがおおむね一貫して
示されている[17]．なお，宗教的信念の強さが行為者検出課題の成績あるいは心
の理論の指標と予測されたような関連を示さなかったとの報告も存在してお
り[18,19]．宗教的信念の形成や獲得において HADD や心の理論が果たす役割がど
のようなもので，それを検討するにはどのような研究パラダイムが適切であるの
かといった点は再考すべきかもしれない．それでもこうした研究は，宗教的信念
の認知的・進化的基盤の議論に対して実証的なデータを提供し，その理解を深め
たという点で意義あるものであったし，今後も検討を継続していくべきものであ
ろう．

　このようにして進化心理学的な視点を導入することで宗教認知科学は，宗教に
かかわる心や行動を支える認知的，神経科学的メカニズムだけでなく，その適応
的機能（生存・繁殖にどのように貢献したか）も視野に含むことになった．こう
した視点の導入は，従来の宗教心理学には少なくとも明示的には認められなかっ
たものである．また進化心理学や動物行動学，進化生物学などの知見を応用する
ことで宗教にかかわる新たな検証可能な仮説を導出できるようになった点も，宗
教の理解を深めるにあたり大きなメリットであろう．ただし，これまで紹介して
きたような初期の宗教認知科学は，宗教にかかわる心・行動を日常の認知能力か
ら説明することを目的としていたため，宗教を支える認知能力の適応的機能につ
いて論じるものの，宗教そのものはそれらの副産物（by-product）とみなし，そ
の適応的機能を議論することは少なかった[20]．しかし近年では，副産物として
生じたかもしれない宗教にも適応的な役割を見出す興味深い議論が展開されてい
る．次節ではそのひとつとして，アラ・ノレンザヤン（Norenzayan, A.）らの説
を紹介する．

◉ 12.3　適応的道具としての宗教

　世界には多様な宗教が存在するが，その大多数は世界宗教とよばれる少ない種
類の宗教（啓示宗教，ヒンズー教，仏教）の派生形である．心理学者のノレンザ
ヤンやその共同研究者たちは，こうした宗教がいずれも，人々を監視し，その行
いに応じて報酬や罰を与える超自然的存在に対する信念を重要視することに注目
し，それが人々にとって有用であったためにこれら宗教が文化的に選択され，世

界中に広まったのだとする理論を提唱している[21].

たとえば，啓示宗教ではヤハウェあるいはアッラーとよばれる全知全能の強力な神が信仰されている．こうした神は，道徳に関心をもつ存在とされており，人々の行いを監視し，特にその行いが道徳に逸脱する場合には懲罰を与えると信じられている．仏教やヒンズー教では強力な神は存在しないものの，過去の行いが将来に影響を与えるという因果応報の摂理が信じられている．悪行をすると，将来その代償として罰を引き受けなければならないというわけである．そしてこのような懲罰を下す超自然的な行為者・摂理の信念は，人々の非道徳的・反社会的な行動を抑制し，道徳的・向社会的行動を促進する可能性がある．ノレンザヤンらは超自然的存在の信念のこの機能が，集団サイズを拡大しつつも集団内協力を維持すること（大規模協力社会の成立）を可能にしたと論じており，人々がまだ少数のバンド単位で暮らしていた約1万年前に生じた集団間競争において，宗教が集団の生き残りに寄与したと指摘しているのである．

確かに，一般的に集団成員どうしが協力することは集団の機能（資源の集積・共有，天敵や自然災害への対応，繁殖機会の増大など）を発揮するために重要であるが，これはいわゆる社会的ジレンマの状況を生み出し，非協力者の出現が予想される．したがって集団内の協力関係の維持は容易ではなく，特に集団サイズが大きくなるにつれ，そのコストは大きくなると考えられる．もし懲罰を下す超自然的存在の信念によってこのコストが削減できるならば，それは大きな利点となる．さらにこのことは多様な宗教が生まれては消滅するなかで，一部の宗教のみが世界中に拡大した理由にもなりうる．

こうした理論的枠組みは様々な興味深い仮説を生み，多様な検討が進められている．その一例として，心理学で用いられるプライミングの手法を応用した研究をあげる．もし懲罰を下す超自然的存在の信念が人々の向社会性を促進するならば，そうした信念をプライミングにより活性化させることで他者への協力行動が増加したり，他者へ多く資源を分配するようになったり，あるいは嘘をつく，不正を働くといった行動が減少したりすると考えられる．そして実際にこの仮説を検証した初期の研究は，God や divine といった神にかかわる単語をプライム刺激（先行刺激）として用いた場合，中性的な単語を用いた場合に比べて，匿名的な相手と自分との間で資源を平等に分配する傾向が強まったと報告している[22]．またこの効果に関するメタ分析でも，仮説に肯定的な結果が示されている[23,24]．こうした結果は，宗教と道徳・向社会性のつながりを経験的に示すものであろう．

　ただ**宗教プライミング**（religious priming）に関する研究は必ずしも仮説を支持するものばかりではなく[25]，その向社会性促進効果の再現性には疑念が提出されていることも事実である．しかしそうした疑念を無批判に受け入れ，宗教プライミング研究を無価値のものとみなすのも早計かもしれない．というのも，人が一般的に罰やネガティブな評判に敏感であること，またそれらを懸念して利己的行動を抑制する傾向にあることは，進化心理学やその関連分野において理論的に要請され，実証的にも支持されている[26,27]．宗教プライミングは，こうした心理メカニズムが懲罰を下す超自然的存在の概念の活性化によって作動することを想定したものであり（超自然的存在へ自身の悪行が知れわたることやそれによる罰への懸念を活性化させる），そのアイディアは決して突飛なものとはいえない．また懲罰を下す神の信念が強い人ほど，自分と内集団成員の間で平等な分配をする傾向にあることが大規模サンプルを用いた事前登録研究から示されており[28]，したがってこうした信念をなにかしらの形で意識させたときに向社会的行動が促進されたとしても不思議ではないだろう．

　確かにある心理的な概念の活性化が特定の行動を直ちに引き起こすといった想定には，いわゆる「社会的プライミング（social priming）」の再現可能性問題の議論でも述べられているように，批判があり，慎重に議論する必要がある（再現可能性問題についてはコラム2を参照）．それでも，信念のような特性的な心的状態を実験的に操作することは難しく，信念と行動の因果的関係を検討する方法は限られている．プライミングは，比較的容易にその検討を可能にする数少ない方法のひとつであり，これを用いて懲罰を下す超自然的存在の信念の向社会的効果を検討することは，最善ではないかもしれないが一定の意義も認められよう．今後は，宗教プライミングのメタ分析結果が示唆するいくつかの調整要因に目を向けつつ，事前登録制度を用いながらその効果について知見を蓄積してゆくことが望まれる．同時に，プライミングにより意図した信念が活性化させられているかどうかについての確認や，この手法以外での検証方法の模索など，方法の精緻化も続けるべきだろう．

　以上に加えノレンザヤンらは，超自然的存在の信念と同様に重要な宗教の構成要素である儀式にも大きな役割があると指摘している．たとえば，宗教的儀式は時として参加者に大きなコストを要求する（痛み，断食，婚姻制限など）．こうしたコストを支払うことは，参加者のもつ信念に嘘偽りがないことを周囲に示すことになり，周囲の者がその信念を学び，内面化することを促進するとされ

る[29]．つまり過激な儀式には信念の伝達効果があると考えられる．また集合的儀式では参加者どうしが身体の動きを合わせる（シンクロする）ことがあるが，こうした運動同期が互いの信頼を深め，協力行動を促すなどの集団結束を強める働きがあるという．この効果は古くはエミール・デュルケーム（Durkeim, E.）により指摘されていたが，近年，その心理的・生理的メカニズムが明らかにされつつある[30]．

◉ 12.4 「対立」を超えて

　ここまで述べてきたように，ともすれば不合理で荒唐無稽とも捉えられることもある宗教であるが，実は集団内での協力を維持し，その存続の確率を高める機能をもつと議論されている．こうした議論が認知科学・進化生物学と人文学の融合したところに生まれたものである点は重要であろう．たとえばノレンザヤンらは，ヒトの大規模協力社会はいかにして形成されたのかという社会科学や進化生物学における大きな謎と，特定の宗教の分布というきわめて人文学的な謎とを結びつけることで，それらを解く手がかりを創発的に得ようとしている．もちろんこの議論自体は精緻に検証される必要があるのだが，それでもこうした議論を軸にして心理学や認知科学，人類学，考古学などの様々な分野の断片的な知見を統合的に整理することが可能になっていることを考慮すると，進化という考え方が様々な分野の知見の統合に有用であること[31]を示しているのかもしれない．ただしこうした進化の考え方の応用は，なんら宗教の価値について言及するものではない．そうではなくて，宗教というヒトの歴史的にも社会的にも重要な文化に対し，より理解を深めるためのひとつのアプローチとして捉えるべきだろう．このアプローチは，宗教と進化の「対立」を超えた新たな地平にわれわれが立つことを可能にしてくれるかもしれない．

■文　献

1) Dawkins, R. (2006). *The God Delusion.* Bantam Press (UK), Houghton Mifflin (US). 垂水雄二（訳）(2007).『神は妄想である―宗教との決別』早川書房.

2) Miller, J.D. et al. (2006). Public acceptance of evolution. *Science,* **313** (5788), 765-766.

3) James, W. (1902). *The Varieties of Religious Experience: A Study in Human Nature.* Longmans, Green & Co.（ただし https://www.gutenberg.org/ebooks/621）

4) Starbuck, E.D. (1899). *The Psychology of Religion: An Empirical Study of the Growth of*

Religious Consciousness. W. Scott. (た だ し https: //wellcomecollection. org/works/ g2h63nys)

5)　石神徳門 (1912). 青年の宗教心─新年初発の年齢及び其動機. 心理研究, **1** (1), 94-103.

6)　杉山幸子・松島公望 (2011). 「宗教心理学の歴史」. 金子暁嗣 (監修)『宗教心理学概論』(pp. 27-57) ナカニシヤ出版.

7)　Lawson, E.T. (2017). The cognitive science of religion and the growth of knowledge. In L. H. Martin & D. Wiebe (Eds.), *Religion Explained? The Cognitive Science of Religion after Twenty-five Years* (pp. 7-15) Bloomsbury Academic.

8)　Guthrie, S., et al. (1980). A cognitive theory of religion [and comments and reply]. *Curr Anthropol,* **21** (2), 181-203.

9)　Lawson, E.T., & McCauley, R.N. (1990). *Rethinking Religion: Connecting Cognition and Culture.* Cambridge University Press.

10)　Willard, A.K., Cingle, L., & Norenzayan, A. (2019). Cognitive biases and religious belief: A path model replication in the Czech Republic and Slovakia with a focus on anthropomorphism. *Soc Psychol Pers Sci,* **11** (1), 97-106.

11)　Barrett, J., & Lawson, E.T. (2001). Ritual intuitions: Cognitive contributions to judgments of ritual efficacy. *J Cogn Cult,* **1** (2), 183-201.

12)　Barrett, J.L. (2007). Cognitive science of religion: What is it and why is it? *Relig Compass,* **1** (6), 768-786.

13)　Guthrie, S. (2002). Animal animism: Evolutionary roots of religious cognition. In I. Pyysiainen & V. Anttonen (Eds.), *Current Approaches in the Cognitive Science of Religion* (pp. 38-67). Bloomsbury Academic.

14)　Barrett, J.L. (2000). Exploring the natural foundations of religion. *Trends Cogn Sci,* **4** (1), 29-34.

15)　Gervais, W.M. (2013). Perceiving minds and gods: How mind perception enables, constrains, and is triggered by belief in gods. *Pers Psychol Sci,* **8** (4), 380-394.

16)　Riekki, T. et al. (2013). Paranormal and religious believers are more prone to illusory face perception than skeptics and non-believers. *Appl Cogn Psychol,* **27** (2), 150-155.

17)　Norenzayan, A., Gervais, W.M., & Trzesniewski, K.H. (2012). Mentalizing deficits constrain belief in a personal God. *PLoS One,* **7** (5), e36880.

18)　Maij, D.L.R., et al. (2017). Mentalizing skills do not differentiate believers from nonbelievers, but credibility enhancing displays do. *PLoS One,* **12** (8), e0182764.

19)　Maij, D.L.R., van Schie, H.T., & van Elk, M. (2019). The boundary conditions of the hypersensitive agency detection device: An empirical investigation of agency detection in threatening situations. *Relig Brain Behav,* **9** (1), 1-29.

20)　Boyer, P. (2003). Religious thought and behaviour as by-products of brain function. *Trends Cogn Sci,* **7** (3), 119-124.

21)　Norenzayan, A. (2013). *Big Gods: How Religion Transformed Cooperation and Conflict.*

Princeton University Press. 藤井修平・松島公望・荒川歩（監訳）（2022）．『ビッグ・ゴッド—変容する宗教と協力・対立の心理学』誠信書房.

22) Shariff, A.F., & Norenzayan, A. (2007). God is watching you: Priming God concepts increases prosocial behavior in an anonymous economic game. *Psychol Sci*, **18** (9), 803-809.

23) Shariff, A.F., et al. (2016). Religious priming: A meta-analysis with a focus on prosociality. *Pers Soc Psychol Rev*, **20** (1), 27-48.

24) van Elk, M., et al. (2015). Meta-analyses are no substitute for registered replications: A skeptical perspective on religious priming. *Front Psychol*, **6**, 1365.

25) McKay, R., et al. (2011). Wrath of God: Religious primes and punishment. *Proc R Soc B*, **278** (1713), 1858-1863.

26) Panchanathan, K., & Boyd, R. (2004). Indirect reciprocity can stabilize cooperation without the second-order free rider problem. *Nature*, **432** (7016), 499-502.

27) Wu, J., Balliet, D., & van Lange, P.A.M. (2016). Reputation management: Why and how gossip enhances generosity. *Evol Hum Behav*, **37** (3), 193-201.

28) Lang, M., et al. (2019). Moralizing gods, impartiality and religious parochialism across 15 societies. *Proc R Soc B*, **286** (1898), 20190202.

29) Henrich, J. (2009). The evolution of costly displays, cooperation and religion: Credibility enhancing displays and their implications for cultural evolution. *Evol Hum Behav*, **30** (4), 244-260.

30) Lang, M., et al. (2017). Sync to link: Endorphin-mediated synchrony effects on cooperation. *Biol Psychol*, **127**, 191-197.

31) Mesoudi, A. (2011). *Cultural Evolution: How Darwinian Theory Can Explain Human Culture and Synthesize the Social Sciences*. University of Chicago Press. 野中香方子（訳）（2016）．『文化進化論—ダーウィン進化論は文化を説明できるか』NTT 出版.

平石　界

Column 2
心理学の再現性危機と進化心理学

　2010 年初頭より，心理学が**再現性危機**（replication crisis）に陥っていると指摘されてきた[1]．本コラムでは再現性危機とは何なのか概観し，それを踏まえて，われわれがどのような姿勢で心理学の知見を受け止めるべきなのか，私見を述べたい．

　再現性危機とは，単純にいえば，既報の心理学研究を追試した際の結果の再現性が低いという問題である．たとえば心理学業界で最高の権威をもつ 3 誌に掲載された約 100 本の心理学研究を網羅的に追試したところ，元論文の結果が再現されたものは 5 割に満たなかった[2]．最も信頼できそうな情報源ですら半分弱しか信頼できないなら，八卦と同じと揶揄する者も出てくるかもしれない．心理学コミュニティがこの状況を重大な危機と受け取ったのも当然のことであった．

　それでは再現性危機とは，心理学の知見，つまり「X という状況／操作の下で，人々は Y という行動をする」といった知識のうち半分ほどが「本当」で，半分ほどが「嘘」であるという話なのだろうか．それだけの話ならば問題解決の道筋は明確である．すなわち，

　① 嘘の報告が半分近くも紛れ込んでしまった理由を特定する．
　② その解決法を示す．
　③ 嘘が紛れ込まない工夫をして既存の知見を再検討する．

ことで，何が「嘘」で何が「本当」か明らかにすればよい．事実，これこそが心理学コミュニティが 2010 年代に取り組んできた信頼性革命であった．

　「嘘」が紛れ込んだ最大の理由と目されたのが，研究者が**様々な研究仕様**（research specification）を恣意的に決められる**研究者自由度**（researcher degrees of freedom）の問題であった．「ビートルズの楽曲には若返り効果がある」という仮説を例に考えてみよう．それを検証するためには，ビートルズのどの曲を用いて，誰を対象に，どのような「若返り」指標（気の持ちよう，身体的健康，実年齢）を測定するかなど，様々な研究仕様を決める必要がある．複数の研究仕様

がどれも同等に妥当と思われることも多く（例：どの曲を使うか），研究者には様々な研究仕様を試してみる自由がある．これが研究者自由度であり，それ自体に問題はない．しかし試したもののうち，若返り効果が観察された研究仕様と結果だけが報告されるならば，話はまったく変わってくる．「まぐれ当たり」を「本当のもの」としてしまう確率が極めて高くなるからである[3]（コラム1「心理統計」も参照）．大きな実力差のある二つのサッカーチームに何回も試合をさせたうえで，実力の劣るチームが勝った試合結果だけを報道することに喩えれば，イメージしやすいかも知れない．それはもはや自由の濫用であるが，再現性危機以前，それが問題であることに（筆者を含む）多くの心理学者は気づいていなかった．つまり意図せずに「嘘」の知見を報告し，蓄積してきた恐れがあった．

　問題に気づいた心理学コミュニティでは，研究者自由度の濫用を防止するために，データ取得または分析前に研究仕様をタイムスタンプ付きで登録する**事前登録**（pre-registration）が提案された．また統計的有意性と新奇性に偏った研究評価が濫用を助長した可能性が反省され，計画段階で雑誌掲載の可否を判断する**事前審査**（pre-review）によって，研究の厳密さに評価の重みを移すことが提案された．そして，これらの改善策を組み込んだ大規模な**追試**（replication）によって，既存の知見の真偽に決着をつけることが目指された．

　しかし，事前登録と事前審査による厳密な追試研究は，既存知見の真偽判定に決着をもたらさなかった．追試が元研究に否定的な結果になると，追試の研究仕様の妥当性に疑問が投げかけられるケースが相次いだのである．批判は科学の一部であり，そこには問題はない．問題はその後にあった．批判を反映させた再追試や再分析が行われると，それらにも再び，研究仕様上の否定し難い問題点が指摘されたのである．たとえば，女性の配偶心理と生理周期に関する仮説について，元論文の著者を含むグループと追試グループが，数年にわたって何が妥当な研究仕様（測定法と分析法）なのか論争を続けている[4]．つまり心理学研究では妥当な研究仕様に関するコンセンサスの確立が困難であり，それゆえ，ある知見が追試で再現されなかったからといって，それを根拠にその知見を「嘘」や「誤り」とはいえないことが顕わになった．

　それでは，もともとの知見は「本当」だといえるのだろうか．追試に後から問題点を指摘できるなら，元研究にも事後的に問題点を指摘できる．たとえば，ある研究の追試が失敗したのは参加者の選び方が悪かったのではないかという（妥当に思える）批判[5]に対応して，元研究が成功したのは，「ちょうどよい」参加

者を選んだからではないかと返すことができる．つまり元研究の結果そのものは
「本当」かもしれないが，その知見を適用できる範囲（**一般化可能性**，generali-
zability）はごく狭いのではないかという批判が可能となる．

　加えて，仮に追試で結果が再現されても，そのことは研究仕様の妥当性を保証
しないことも忘れてはならない．たとえば，成人男性が成人女性の腰のくびれに
性的魅力を見出すことは，一定範囲の文化圏で頑健な現象と思われる．その一方
で「なぜくびれに魅力を感じるのか」を説明する理論は 10 以上が乱立してい
る[6]．現象が頑健であることは，それを説明する理論がひとつに絞られることを
意味しないことがわかる．現象と理論が一対一対応していなければ，その現象は
理論の検証には使えない．つまり追試の成功は現象の頑健らしさを高めるが，そ
もそもの研究仕様の妥当性は別に検討される必要がある．そしてすでに述べたよ
うに，心理学では研究仕様の妥当性についてコンセンサスを得ることが困難であ
る[7]．

　つまり再現性危機を経て，心理学研究では知見の真偽を判断することが困難で
あり，また頑健に思える知見についても，その研究仕様の妥当性と一般化可能性
を容易に主張し難い事実が明らかになった[8]．いいかえれば，進化心理学を含む
心理学は未だ，そのまま日々の生活に応用できるような高い信頼性と一般化可能
性をもつ知見をほとんど獲得できていないことを意味する．このことは，Covid-
19 パンデミックという，全世界的に莫大なリソースを投じて対策が講じられた
出来事において，ワクチン開発に匹敵するだけの明確かつ普遍的な効果をもつ行
動学的対処法が，心理学から提案できていないことからも傍証されている．

　しかし，この現状を心理学者の能力や努力の不足に帰すことは，身びいきとの
批判もあろうが，公平を欠くように思われる．ワクチン開発者が対象とする個々
のコロナウイルスの均質性，またウィルス−免疫反応間の相互作用の均質性と比
べたときに，心理学者が対象とする個々の人間の均質性は圧倒的に低く，しかも
ごく短時間で変容する．そうした多様な個人が相互作用するのが社会であり，そ
のなかで現れるのが瞬間瞬間の個々人の行動である．心理学は，そんな複雑なメ
カニズムを科学的に解明しようと挑戦してきた．目星を付けた説明変数の効果を
取り出すためには，行動の背後にある大量かつ相互に絡み合う多様な調整要因を
実験的もしくは統計的に統制しなければならない．細心の注意を払って研究をデ
ザインしても，見落としていた調整変数が後から明らかになるような事態は，ほ
とんど避けがたい．対象の複雑さと課題の困難さを認めれば，（進化）心理学に

対して，現実社会における「実用的価値」を期待するのは時期尚早だというのは当然のことではないだろうか．またそれゆえ，（進化）心理学の「実用的価値」を安易に主張する言説に対しては，その妥当性を厳しく見定める必要がある．

　何より，進化心理学を含む学問の価値は，実用的応用だけにあるのではないはずである．本書の諸章が紹介するように進化心理学は，人々の「常識」を転覆させる結果を示すことで，人間もまた進化の産物であるという，ダーウィン以来の人間観の拡張に寄与してきた．そのことを通じて進化心理学が，人文学ならびに社会科学において重要な役割を果たしてきたことは，疑いようのない事実だろう．

■文　献

1)　池田功毅・平石界.（2016）.　心理学における再現可能性危機—問題の構造と解決策.　心理学評論, **59**, 3-14

2)　Open Science Collaboration.（2015）. Estimating the reproducibility of psychological science. *Science,* **349**, aac4716.

3)　Simmons, J.P., Nelson, L.D., & Simonsohn, U.（2011）. False-positive psychology: Undisclosed flexibility in data collection and analysis allows presenting anything as significant. *Psychol Sci,* **22**, 1359-1366.

4)　Arslan, R.C., et al.（2021）. The evidence for good genes ovulatory shifts in Arslan et al.（2018）is mixed and uncertain. doi:10.1037/pspp0000390.

5)　Strack, F.（2016）. Reflection on the smiling registered replication report. *Perspect Psychol Sci,* **11**, 929-930.

6)　Bovet, J.（2019）. Evolutionary theories and men's preferences for women's waist-to-hip ratio: Which hypotheses remain? A systematic Review. *Front Psychol,* **10**, 1221.

7)　平石界・中村大輝（2022）.　心理学における再現性危機の10年.　科学哲学, **54**, 27-50.

8)　Yarkoni, T.（2020）. The generalizability crisis. *Behav Brain Sci,* **45**, E1.

Chapter 13
進化心理学と教育

安藤寿康

　教育（教示行動）を，カロとハウザーに従い「他個体の学習を生起させ促進する特殊な利他行動」と操作的に定義すると，教育はヒトにとって社会文化的営みである以前に，生物学的現象であり，また知識資源を互恵的に分配する機能として進化の過程で獲得された，生存と繁殖にかかわる特徴的な適応方略である．それは個体発生のきわめて初期から発現し，人類史のごく初期から存在していたと考えられる．教育によって学ばれる知識は，特定の個人の好みが生み出した私的知識ではなく，基本的には由来を問わない一般的知識であり，特に領域固有な専門的知識の教育による共有は，文化的なニッチ構築の機能を有すると考えられる．教育を可能にする至近要因には，言語，過剰模倣，共同注意，心の理論，メンタライゼーション，共感，ワーキングメモリ，教示欲求などがあげられる．教育に価値追求やイデオロギーを持ち込まず，教育そのものの進化的由来と機能を科学的に問う新たな教育学の構築が期待される．

● 13.1　教育は生物学的現象である

　教育についての学問は，教育哲学，教育史，教育思想史のような人文科学か，教育社会学，教育行政学，教育心理学のような社会科学に位置づけられる．それは要するに人間が知恵を絞って作り出した人為的な産物であり，また人間が社会生活を営むなかで歴史的に生まれてきたものと考えられているからだ．

　伝統的な教育学や教育心理学は，暗黙の前提として「よりよい学習を促す教育」を志向しがちだが，それはとりもなおさず教育が人為的に作られたものであることを前提としているからであり，だからこそ人為的によりよくすることができる，よくしなければならないと考えてしまう．そのようなことから，「教育は生物学的現象である」と主張すると違和感をもたれる人も少なくないにちがいない．

　しかし教育は，文化的，社会的，歴史的な人為的な現象である以前に，進化の過程で獲得された，ヒトの生存と繁殖にかかわる，ヒトにとって特徴的な適応方略である．それは決してヒトのもつ一次的な生物学的形質（たとえば言語，心の理論，共感，共同注意，互恵的利他性など）から二次的・派生的・文化的に作り出されたアーティファクトではなく，それ自体に独自の生物学的な機構や機能を見出しうるものである．これを筆者は Homo educans 仮説とよんでいる[1]．この仮説の妥当性を示すことによって，「よりよい学習の探求」という価値志向的になりがちな伝統的な教育学や教育心理学とは異なる教育への新しい科学的アプローチがありうることを，説得力をもって読者に伝えられるかが，本章の課題である．

　ヒトは生物であるから，ヒトのなすことはなんらかの意味ですべて「生物学的現象」とよべる．自動車や飛行機を発明して，それで移動をすることは明らかな文化的現象であるかのようにみえるが，それでも動物がもつ**身体の移動運動**（locomotion）という生物学的形質を道具によって延長させたものにすぎない．原則として植物にその機能はないことと対比させれば，「自動車も生物学的現象である」といっても，あながち屁理屈ではないだろう．しかしそれをいってしまったら元も子もなくなる．

　教育が生物学的現象であるというときには，それとは次元が異なる．自動車は移動運動という生物学的形質を増幅するための「道具」として，また「文字」は言語活動のもつ情報の記録（記憶）と伝達という生物学的形質を増幅するための道具として発明されたものである．だが教育，すなわち「他個体に知識獲得を促す行動」（教育の定義は次節で改めて述べるが，ここで「知識の伝達」というよく使われる表現をあえて使わないことに注意）は，知識獲得させるための「道具」として，人類史が文化的進化を遂げたかなりあとになって発明されたものではなく，直立二足歩行や言語行動と同じように，ヒトの認知と行動それ自体に埋め込まれた生得的な能力と考えられ[2,3]，個体発生のきわめて初期から発現し，また人類史のごく初期から存在していたと考えられる．

　たとえば 14 か月児でも，目の前の人物がその人からはみえないが自分からはみえる事物を探している様子をみて，その場所を指し示して教えようとする[4]．また 15 か月児は遊び相手が自分と以前共有したことのないおもちゃが，相手の視界の外に出現するのをみたとき，遊び相手がその存在を「知らないこと」を認知し，それを教えようと指さしをする[5,6]．さらに 20 か月児は自分が解けるよう

になった知能検査の課題を大人の相手が間違えるのをみて，正解を相手の目を見ながら指さしで教えようとする[7]．もちろん幼児がこれらの「教示行為」自体を他者から学んだ，つまり他者が指さしによって何かを人に「教える」行動を観察することで学習した可能性を完全に排除することはできない．しかし仮にそのような大人の行動をそれ以前にみたことがあったとしても，それを「教える」という一般的な能力として他の場面に転移できるような技能として獲得したとは考えにくいのではないだろうか．

1万年以上も前の旧石器時代の打製石器の製作場所の遺跡に残された石片の飛び散った様子から，熟達者を中心に技量の高いものから順に場所をとって製作していることがうかがえる[8]．また別の遺跡では，熟達者の打ち出した石刃が，そぎ落とされた石片に混じって，それ自体使用されることなく残っていたという．考古学者は，それが実用のためではなく，石器作りを教えるときのお手本を見せるために造られたものと考えている[9]．

生後6か月の乳児にアイコンタクトやマザリーズ（大人が乳幼児を相手にしたとき発する高ピッチでゆっくりと抑揚のある声色を用いた語りかけ）のような**明示的**（ostensive）なシグナルを与えた後，特定の事物に**参照**（reference）を促す視線を向けると視線追従が生じやすくなり，それに乳児が**関連性**（relevance）を推察できれば，なんらかの**普遍的・一般的な知識**（generic knowledge）の学習につながる．これをゲルゲリー・チブラ（Csibra, G.）とジョージイ・ゲルゲリー（Gergely, G.）は，**ナチュラル・ペダゴジー**（natural pedagogy）とよんだ[10]．

人類が長らく行ってきた狩猟採集生活のモデルとなるのが，現代の狩猟採集民である．しかし現代の狩猟採集社会には教育がないといわれ[11,12]，実際に狩猟採集の技術あるいは種族に伝わる伝説や教訓を組織的に教える習慣は，青年期に達するときに行う通過儀礼までは観察されない．しかし日常生活のなかにこうしたナチュラル・ペダゴジーのような，他者の学習を促し，知識を伝達する行動は頻繁に観察される[13]．ただそれはいわゆる**WEIRD**（Western, educated, industrialized, rich, democratic）とよばれる民主的な西欧知識産業社会にありがちな「熱心に教え込もう」とする教示行為というよりは，あたかも「教示の不在」[14]ともよばれるべき，大人と子どもの間のなにげないコミュニケーションのなかに埋め込まれている．筆者がアフリカの狩猟採集社会に訪問してけん玉をやってみせたときも，大人も子どももすぐに真似して熱心に遊びはじめてくれ，うまくできるようになった（と本人は思っている）大人が，まだうまくできない子どもに

(a) けん玉をやってみせる（寺嶋秀明先生（左）と筆者）

(b) 大人も子どももいっしょに遊ぶ

(c) 大人が「よく見ろ」「手をこうやって前に」などといいながら身振りで「教え」ようとするが，子どもはおかまいなく遊び続けているようだ．

図 13.1　アフリカのバカ・ピグミーの大人が子どもにけん玉を「教える」様子（2013 年 8 月，筆者撮影）

あたかもコツを教えようとする様子がみられたが，子どもはそれをただわき目でみながら黙々と遊び続け，大人もそれ以上かかわろうとはしなかった（図 13.1）．教育はこのようなあいまいな状況から発生していたことをうかがわせる場面である．

　教育とは学習内容をはさんで，教えるエージェントと教わるエージェントとのコミュニケーションによる三項関係（図 13.2）から成り立つ現象である．そもそも「教える」と「教わる」は同時に発生しなければ教育は成り立たない．このように考えると，「教える」という行為も「教わる」という行為も，ヒトの発生と発達のごく初期から，同時にあったものと考えることができる．

　「教育」という概念を，狩猟採集社会における通過儀礼や，古代メソポタミアの官僚が納税や歴史を記録するために楔文字の書字システムを学んだ教室[15]のような組織的な「活動」と定義すれば，確かに人類史の大部分の時代に「教育」

教えるエージェント
(教師)
教わるエージェント
(学習者)
説明・例示の理解，指示・
禁止に従う，評価を求める
説明・例示・指示・
禁止・評価など
(例示)
(個体学習)
学習内容
(教材)

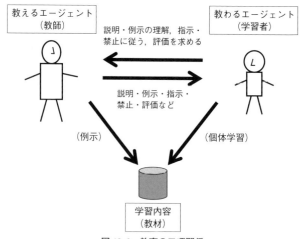

図 13.2　教育の三項関係

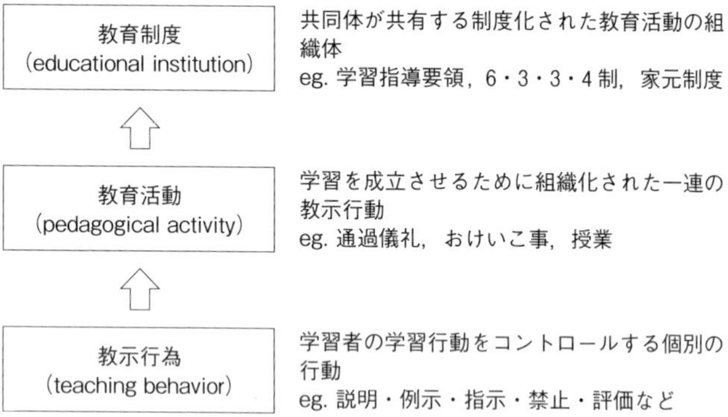

教育制度
(educational institution)
共同体が共有する制度化された教育活動の組織体
eg. 学習指導要領，6・3・3・4 制，家元制度
教育活動
(pedagogical activity)
学習を成立させるために組織化された一連の教示行動
eg. 通過儀礼，おけいこ事，授業
教示行為
(teaching behavior)
学習者の学習行動をコントロールする個別の行動
eg. 説明・例示・指示・禁止・評価など

図 13.3　教育の 3 レベル[16]

はなかったといえるだろう．ましてや学校や教会のように，共同体の権威の下で知識を体系的・計画的に学習させる「制度」としての教育が発生したのは，歴史的にみても社会組織の複雑化と文化的知識の蓄積をみてからであった．しかしいま述べたナチュラル・ペダゴジーのような一般的知識を伝達するコミュニケーションはじめ，ジェスチャーやことばによる指示・説明のようなその場限りの情報伝達，そして禁止やフィードバックのように他者の学習プロセスを一時的にせよコントロールする「行為」までを教育に含めて考えたとき，そこには文化や歴史を超えた普遍的な生物学的現象を見出すことができる（図 13.3）[16]．

● 13.2　教育をどう定義するか

　ここでおくればせながら教育の定義を与えておかねばならない．人文科学としての教育学を眺めると，およそ教育学者の数だけ教育の定義があり，それぞれ権威ある「○○（教育者や教育思想家個人の名前が入る）教育学」が構築されている[17]．心理学でも教育をその意図性や文化性から定義する考え方がある[18]．しかし進化的な視点から，ヒト以外の動物まで適用できる教育の機能的な操作的定義を与えてくれているのは，ティム・カロ（Caro, T.M.）とマーク・ハウザー（Hauser, M.D.）である．彼らは以下の三条件を満たす行動を**積極的教示行為**（active teaching）と定義づけた[19]．

　① ある個体 A が経験の少ない観察者 B のいるときにのみ，その行動を修正する．

　② A はコストを払う，あるいは直接の利益を被らない．

　③ A の行動の結果，そうしなかったときと比べて B は知識や技能をより早く，あるいはより効率的に獲得する．あるいはそうしなければまったく学習が生じない．

　つまり自分の利益を犠牲にしてまで，他個体の学習を生起させ促進するような特別な利他行動をわざわざすることが，「教える」ことだという定義である．

　「教育」の定義を辞書に求めると，たいてい「教え育てること」というトートロジーや，「知識の伝達」というそれ自体さらに操作的定義を要する概念を用いたものになっている．知識は物質やただのお話ではないのだから，モノを手渡すように，あるいはゴシップ話のように文字どおり「伝達」されるわけではなく，「学習」という知識獲得のプロセスがかかわっている．その独特な学習様式を行動レベルで記述したカロとハウザーの定義は卓越しており，だからこそ動物行動学者の多くは，現在でもこの操作的定義に従っている．

　ヒトがこの定義に従う教示行為をすることは明らかだ．教師エージェント（A）が直接の利益を被らないという条件②が謳う利他行動は，職業としての教師には当てはまらないではないかという批判はあるだろう．しかしそれは教育が職業になったからそうなのであり，教育の本質が利己的なのではない．その証拠に目の前に自動販売機の使い方がわからないおばあさんをみれば，たいがいは誰でもタダでやり方を教えてあげたくなるはずだ．もしあなたが教えることで給料

をもらう職業教師であったとしても，生徒が熱心に目を輝かせて「先生，ここも
っと教えて」とせがんできたら，正規の授業時間外でも無償で教えてあげるので
はないか．

　これがヒト以外の動物ではどうか．動物界広しといえども，この三条件を満た
す動物は確かに多くない．ヒトに系統発生的に最も近いチンパンジーには積極的
教示行為は見出されない[20]．しかし教育する動物もちゃんといるのである．こ
れまでの動物研究で，ミーアキャット（*Suricata suricatta*）[21]，ムネボソアリ
（*Temnothorax albipennis*）[22]，シロクロヤブチメドリ（*Turdoides bicolor*）[23]，
そしてルリオーストラリアムシクイ（*Malurus cyaneus*）[24]の 4 種の食餌にかかわ
る教示行為が，この三つの条件を満たしていることが実証的に示されている．と
りわけミーアキャットの教育は秀逸で，捕獲して食べるのが難しいサソリを，親
ではない同族の成体が，まず完全に殺して幼い子どもに与えて食べられることを
学ばせ，次に半殺しの状態で与えて捕獲の練習を促し，最後に生きたままのサソ
リを与えて本番さながらの経験をさせる．そのうちに雨季が訪れ，大人自身が自
分の餌をさがすのに精一杯になる．それまでに集中的に子どもを自立したサソリ
の捕食者に育て上げている．段階的に難易度が高くなる課題を与える**前進的教示**
（progressive teaching）という教育方略である．

　他の 3 種も含め，動物においてカロとハウザーの定義に従う教示行為が見出さ
れるのは，いずれも食餌行動に限定されている．しかも系統発生的には必ずしも
ヒトに近いとはいえない鳥類，哺乳類，昆虫類である．これは教示行為が生物学
的にはきわめてコストのかかる行動であり，また必ずしも高度な認知機能を必要
としないことを意味する．さらにほとんどの動物は他個体によらない個体学習
や，観察学習など教示を伴わない社会学習で，生存のための知識を獲得している
ことも示唆している．ひるがえってヒトはといえば，食物摂取に関する知識に限
定されず，およそいかなるコンテンツの知識であっても教示の対象とすることが
できる．動物において食物分配の形でしばしば成り立っている利他行動に匹敵す
る資源分配のあり方を，「知識分配」という形で行っているのが教育なのだとい
えよう．

◉ 13.3　知識に依存する動物：知識の意味とニッチ構築

　それにしてもなぜ教育がそれほど生物学的な淘汰の対象となったのか．それは

ひとえにヒトが知識に依存する動物だからである．ヒトは文化のなかで生きる．文化はもともと自然環境に適応するための様々な知識（たとえば食べ物となる動植物や関連する自然法則に関する知識，石器・骨角器など狩猟採集のための道具や衣服・住居など身体を保護するための道具の製作と使用に関する知識，食物や道具などの財を共同体に分配する社会秩序に関する知識など）が蓄積されたものだが，その文化自体がヒトにとって生物学的な環境となった[25]．知識とは文化の構成成分である．ある人間が生れ落ちた自然環境や社会環境のなかで，何をどのように食べて生きるか，何をどのように使って生きるか，どこでどのような立場でどのようにふるまって生きるか．これらはことごとく，その人が生まれる前から存在し，誕生と共に本人の意志にかかわりなく投げ込まれた文化的環境のなかで，その人が直接・間接にかかわる人々のふるまいのなかに実装されている膨大な「知識」の運用によって成り立っている．ヒトはその知識の使われ方を学習することで，自分も社会的存在の生物として生存することができるようになる．ヒトにとって知識こそが生物学的な「資源」なのである．

　しかもその知識は往々にして他者の行動観察だけでは獲得できない不可視なものである．なぜなら知識はヒトにおいて特に発達した大脳皮質連合野の様々な部位に分散した情報処理プロセスのネットワークの内的な賦活から成り立っているからだ．複雑で専門性の高い文化的知識はとりわけそうである．ヒトの知識は不可視かつ複雑で膨大だから，もはや個体学習や観察学習だけで獲得することが不可能なため，教育という特別な学習方略を必要としたのだと考えられる．

　教育によって学ばれる知識は，特定の個人の好みが生み出した私的知識ではなく，基本的には由来を問わない**一般的**（generic）な知識である．特にその知識が専門性を有していると，どの知識を学び運用できるかが，その人が社会のどこに居場所を定め，生きるための資源を享受できるかに密接にかかわってくる．これは生物が自然環境の中で行っているニッチ構築に匹敵する[26]．このように文化的知識に根ざしたニッチにおいて，教示行為は教師エージェント自身のニッチの維持と発展に寄与しうるものとなる．その意味で教育は互恵的利他主義，すなわち利他行動がやがて行為者への見返りとして戻る確率の高い行動と考えることができよう．

● 13.4　教育の至近要因

　教育を支える様々な認知的・行動的至近要因を，ヒトは同時にもちあわせている．それは言語，過剰模倣，共同注意，心の理論，メンタライゼーション，共感など枚挙に暇がない．教示行為はミーアキャットやムネボソアリなどでも見出されるように高次認知能力を必要としないが，複雑な文化的知識を意図的に教えようとすると，教師エージェントは知識それ自体の処理のみならず，学習エージェントの認知状態を推論し，それにあわせて自らの教育行為をモニターしながら制御せねばならず，大きなワーキングメモリーを必要とする．これも進化的に獲得したヒトの特徴であり[27]，教育の至近要因といえる．さらに他の動物，とりわけ霊長類と比較しても，児童期と老年期が長いというヒトの生活史の特徴[28]も，文化的知識を豊富に獲得した老人が長い学習期をすごす児童期の子どもと生活環境を共有することで，教育による知識獲得が促されるという適応的機能があることがうかがえる．

　教育を促す根底に，そもそも他者にものを教えたいという欲求がある．筆者はこの教示欲求の心理学的構造の実証研究に取り組んでいる[29]．それによると教示欲求には，それぞれ知識をもたない者に共感し無償で教えて助けたいという支援欲求と，自分のもつ専門的な知識を伝えておきたいという啓蒙欲求と解釈できる二因子があり，支援欲求は相対的に血縁者や友人知人への直接互恵性の程度と相関が高いのに対し，啓蒙欲求は他人を対象とした間接互恵性との相関が高い．これは教示欲求には私事性と公共性の両側面があり，特に専門的な知識の教育には公共性の欲求が基盤にあることを示唆する．しかも双生児法を用いた行動遺伝学的分析から，支援動機には遺伝的個人差が見出されず，その個人差はもっぱら環境の差だけで説明された．つまり教示行為の基盤にある利他的な欲求は，遺伝的にみなが一様にもっていると考えられる．他方，啓蒙動機には遺伝的個人差があり，なんらかの内在的要因を特にもつものが，専門性のある知識を公共的に教えようと思うことがうかがえた．これが教育のニッチ構築的機能の基盤にあるのかもしれない．

◉ 13.5　文化の駆動因としての遺伝的多様性

　幸か不幸か，人間の学習能力は，すべての人に同条件で備わっているのではなく，かなり大きな個人差がある．この原因には，たまたま自分の置かれた環境がもたらした経験の差もあるが，それ以前に遺伝的な差が大きく，特に知能や学業成績のような学習にかかわりのある形質の遺伝率は 50% 以上になる[30,31]．おそらく学業成績だけでなく，旧石器時代の打製石器作りであれ，現代社会における学業成績以外の，たとえばピアノや将棋やフィギュアスケートであれ，なにをやらせても必ず遺伝的な優劣が見出される．

　発揮される能力が遺伝的個人差に由来する優劣の勾配を自然に顕在化させているから，しばしば優れた能力を発揮する個人に尊敬が集まり，その人物のようなパフォーマンスを自分も同じように発揮したいと動機づけられる人々が生まれ，共同体の他個体のなかで，その能力を学べるものがその有能者を教師として，その能力を継承してゆく．このように能力の遺伝的個人差が教育の至近要因となっていると推察される．

　教育によって知識が他者に伝達されるとき，その知識はことばや身振りによって「具象化」され，あたかも「対象物」であるかのように操作可能になる．そして複数の人から得た知識や自分の創意工夫により，これまでになかった知識の統合が生じる．それが文化的創発だ．これはもちろん模倣学習や観察学習の過程でも生じうるが，教育学習により知識が明示化されると，焦点化され，価値の所在がハイライトされ，創発が生じやすくなるのではないか．教育と遺伝的多様性は文化創発の源泉でもある．

◉ 13.6　新しい教育学を目指して

　教育に関する議論は「どう教育すればよいのか」という問題と，「教育のどこが悪いか」という問題に終始しているといって過言ではない．これはつまるところ同じ問いのように見えるが，前者はまだ実現されていない教育を探し求める問いであるのに対し，後者はすでに実現されている教育の問題点を探し出す問いであり，その方向性が異なる．ただ共通するのは，いずれも「よりよい学習を促す教育」のあり方を探すのが教育学だと暗黙のうちに考えられていることである．

　これは科学のほかの分野ではありえない姿勢だ．生物学は，生物のよりよい姿を求める学問ではない．経済学はよりよい経済政策の提言を出口とする側面を持ちつつ，その基盤に経済現象を説明するための理論と実証を積み重ねる経験科学である．法学や政治学も，よりよい法律のあり方や政治のあり方を，少なくともあからさまには希求しない．ところがこと教育の分野では，「よりよき」が臆面もなく希求され，それこそがこの学問の独自性であると謳われることすらある．教育の現状は常に問題をはらんでいることになっており，今の体制はよくない，今よりもっとよい教え方や学び方があるという現状認識を疑いもしない．

　本章で論じてきた教育についての進化的考察は，そのような価値追求を意図せずに，教育（教示行為）を自然現象とみなし，その成立基盤を問う姿勢を貫こうとしている．すると自ずと，教育に関する心理学的，動物行動学的，人類学的，考古学的，脳科学的，行動遺伝学的，そして哲学的な問いが生まれ，それらが進化理論で統合できる可能性を予感させる．進化的な視座がしばしばバラバラに分化してしまった人間に関する学問を統合する契機となることが指摘されるが，それは教育に関しても同様にいえることだと思われる．そしてこの統合の営みから，これもおのずと，現代教育の問題点やその解決方法に関しての洞察が得られることを期待している[32]．

■文　献

1)　Ando, J. (2012). On "Homo educans" hypothesis. In S. Watanabe (Ed.), *CARLS Series of Advanced Study of Logic and Sensibility* (Vol.X pp.147-156). Keio University Press.

2)　Strauss, S. (2005). Teaching as a natural cognitive ability: Implications for classroom practice and teacher education. In D. Pillemer & S. White (Eds.), *Developmental Psychology and Social Change* (pp 368-388). Cambridge University Press.

3)　Strauss, S., & Ziv, M. (2011). What nonhuman animal teaching teaches us about teaching. In S. Watanabe (Ed.), *CARLS Series of Advanced Studies of Logic and Sensibility*, (Vol. 5, pp. 363-371). Keio University Press.

4)　Liszkowski, U., et al. (2006). 12- and 18-month-olds point to provide information for others. *J Cogn Dev*, **7** (2), 173-187.

5)　Meng, X., & Hashiya, K. (2014). Pointing behavior in infants reflects the communication partner's attentional and knowledge states: A possible case of spontaneous informing. *PLoS One*, **9** (9), e107579.

6)　孟　憲巍 (2021).『教える赤ちゃん・察する赤ちゃん―他者を理解し働きかけるこころの発達と起源』紀伊國屋書店.

7)　赤木和重（2004）．1歳児は教えることができるか―他者の問題解決困難場面における積極的教示行為の生起．発達心理学研究，**15**（3），366-375.

8)　高橋章司（2003）．翠鳥園遺跡における遺跡構造研究．大阪市学芸員等共同研究「朝鮮半島総合学術調査団」旧石器シンポジウム実行委員会編『旧石器人たちの活動をさぐる―日本と韓国の旧石器研究から』，（pp.91-113）

9)　Takakura, J.（2012）. New insights into skill learning progress in the lithic production: An analysis of the refitted material from the Kyushirataki 15 in Hokkaido, Northern Japan. In T. Akazawa & Y. Nishiaki（Eds.）, *"RNMH2012: The First International Conference"*, pp48-49.

10)　Csibra, G., & Gergely, G.（2009）. Natural pedagogy. *Trends Cogn Sci,***13**（4）, 148-253.

11)　Lancy, D.F.（2010）. Learning 'from nobody': The limited role of teaching in folk models of children's development. *Childhood in the Past,* **3**（1）, 79-106.

12)　亀井伸孝（2010）．『森の小さな〈ハンター〉たち―狩猟採集民の子どもの民族誌』京都大学出版会.

13)　Hewlett, B.S. & Roulette, C.J.（2015）. Teaching in hunter-gatherer infancy. *R Soc Open Sci,* **3**, 150403.

14)　園田浩司（2021）『教示の不在―カメルーン狩猟採集社会における「教えない教育」』明和書店.

15)　Cole, M.（2010）. What's culture got to do with it? Educational research as a necessarily interdisciplinary enterprise. *Educ Res,* **39**（6）, 461-470.

16)　高田明（2023）教育・学習の基盤としての進化と文化．安藤寿康（編）『教育の起源を探る―進化と文化の視点から』ちとせプレス.

17)　皇　紀夫・矢野智司（編）（1999）『日本の教育人間学』玉川大学出版部.

18)　Kline, M.A.（2015）. How to learn about teaching: An evolutionary framework for the study of teaching behavior in humans and other animals. *Behav Brain Sci,* **38**, 1-70.

19)　Caro, T.M., & Hauser, M.D.（1992）. Is there teaching in nonhuman animals? *Q Rev Biol,* **67**, 151-174.

20)　Thornton, A., & Raihani, N.J.（2008）. The evolution of teaching. *Anim Behav,***75**, 1823-1836.

21)　Thornton, A., & McAuliffe, K.（2006）. Teaching in wild meerkats. *Science,* **313**, 227-229.

22)　Franks, N.R., & Richardson, T.（2006）. Teaching in tandem-running ants. *Nature,* **439**, 153.

23)　Raihani, N.J., & Ridley, A.R.（2008）. Experimental evidence for teaching in wild pied babblers. *Anim Behav,* **75**, 3-11.

24)　Kleindorfer S, et al.（2014）. The cost of teaching embryos in superb fairy wrens. *Behav Ecol.* **25**, 1131-1135.

25)　Henrich, J.（2015）. *The Secret of Our Success: How Culture Is Driving Human Evolution, Our Species, and Making Us Smarter.* Princeton Univ Press. 今西康子（訳）（2019）.『文化がヒトを進化させた―人類の繁栄と〈文化-遺伝子革命〉』白揚社.

26)　Oda, R.（2021）. Education as niche construction: Toward an evolutionary science of education. *Lett Evol Behav Sci,* **12** (1), 24-27.

27) Coolidge, F.L., Wynn, T., & Overmann, K.A. (2012). The evolution of working memory. In T.P. Alloway & R.G. Alloway (Eds.), *Working Memory: The connected Intelligence* (pp. 37-60). Psychology Press.

28) Schultz, A.H. (1960). Age changes in primates and their modification in Man. In J.M. Tanner (Ed.), *Human Growth* (pp. 1-20). Pergamon Press.

29) 安藤寿康・川本哲也 (2022). 教示動機の2因子説—支援動機と啓蒙動機の特質. 日本教育心理学会第64回総会発表論文集.

30) Plomin, R. (2018). *Blueprint: How DNA Makes Us Who We Are.* The MIT Press.

31) 安藤寿康 (2014).『遺伝と環境の心理学—人間行動遺伝学入門』培風館.

32) 安藤寿康 (2018).『なぜヒトは学ぶのか—教育を生物学的に考える』講談社現代新書.

喜入　暁

Chapter 14
進化心理学と犯罪

　犯罪心理学は犯罪学，心理学，社会学などといった諸領域からなる複合的な学問領域として多くの研究成果をあげ，実務応用の可能性を広げてきた，たとえば，犯罪捜査，矯正，司法だけでなく，被害者支援や防犯など，我々の日常生活に広く応用され実践されている．しかし，このような至近要因に関する知見は一般にも広く浸透している一方で，根本的なメカニズムに関する知見，すなわち究極要因にかかわる知見は広く扱われているとはいいがたい．さらに，犯罪という現象は歴史を通じて，また，通文化的に示されてきた．つまり，犯罪行為の善悪には議論の余地があるものの，ヒト一般に通じる行動パターンのひとつである可能性が考えられる．真の人間理解のためには犯罪行為への対処だけでなく，そのメカニズムを理解する必要がある．これらを踏まえ，犯罪に対する進化心理学的アプローチを紹介したい．なお，ここで紹介する進化心理学に基づく説明や仮説は，あくまで人間理解のための科学的な考察であり，犯罪行為の肯定あるいは否定とは切り離して考えなければならない．

　犯罪は，法律によって定められたルールに違反することによって成立するものである．しかし一方で，人間行動や心理メカニズムは法律が存在しないはるか昔から，様々な淘汰を通して形成されてきたものである．そして，そのなかには当然，現在では「犯罪」と定義されているものであっても適応に寄与してきた多様な行動が含まれる．犯罪行動は進化論的になぜ，どのように適応的なのだろうか．

　本章では，次節で説明する犯罪性の一般的傾向に沿って具体的な犯罪行動のメカニズムを説明する．はじめに，具体的には，暴力や殺人といった物理的な攻撃にまつわる犯罪に注目し，その現象と進化心理学に基づく考察を紹介する．続いて，窃盗や裏切りといった，非暴力的な犯罪も同一の枠組みで捉えられる可能性について述べる．さらに，より日常的な裏切り行為とその個人差の進化論的な基盤について，パーソナリティ心理学の分野で扱われている3つのダークな（社会

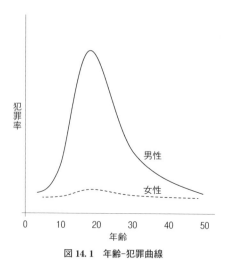

図 14.1　年齢-犯罪曲線

的に望ましくない）パーソナリティ（ダーク・トライアド，Dark Triad）との
関連性を踏まえて紹介する.

◉ 14.1　犯罪性の一般的傾向

ヒトの犯罪性について，時間的・空間的に普遍的なパターンが示されてきた.
それは，

① 犯罪の加害者・被害者とも女性に比べて男性が圧倒的に多い.

② 犯罪率は青年期後期から成人期前期に急激に高まってピークに達し，その
　　後，20-30 代を通して減衰していく.

というものである[1,2]. 特に，②の年齢と犯罪との関連性は，**年齢-犯罪曲線**
（age-crime curve）として知られている（図 14.1）. これらのパターンがなぜ生
じるのかということについて，社会学的理論や犯罪学的理論によって説明が試み
られてきたものの，それがなぜ時間・空間を超えて普遍的であるのかという問い
に対する説明は不十分であった[3]. 以下では，暴力犯罪・非暴力犯罪および日常
的な反社会的行為について，進化論的アプローチに基づくこれまでの知見を，年
齢-犯罪曲線（と性差）の普遍性を念頭に置きながら紹介する.

◉ 14.2　競争と対人攻撃，暴力，殺人

　あらゆる生物は，自然淘汰を通して生き延び，繁殖に成功してきた遺伝子を受け継いでいる．このとき，同種内（特に同性間）における競争は重要な位置を占める．また，ヒトを含む有性生殖をする種では，生殖資源としての異性を奪い合う側の性と選り好みをする側の性に分かれることが多い．これは，配偶子やその後の子への投資量などに規定され，一般的に投資量が少ないほうの性が奪い合う側になる．具体的には，小さい配偶子（精子）を有するオスが奪い合う側に，大きい配偶子（卵子）を有するメスが選り好みをする側になりやすい．

　こうなると特にオスどうしには，生殖資源であるメスをめぐる競争が生じる．競争は身体的な強さをディスプレイすることに加え，物理的な戦いにも発展することがある．ここで，オスどうしの競争に勝利できる個体がより多くの生殖資源を得ることができ，そのためより多くの子をもうけ，その個体の遺伝子が受け継がれる可能性が高まるだろう．また，地位や評判を守ることによって，メスから選ばれやすくなるかもしれない．

a.　リスクテイキングと犯罪の年齢-犯罪曲線への進化心理学的アプローチ

　競争はしばしばリスクを伴う．つまり，ディスプレイや戦いには，成功したときに適応上の利益が見込めるという正の側面だけでなく，失敗したときにはコストを支払うという負の側面もある．進化論的な文脈において，同性間競争の利益は繁殖可能年齢に至ると急増する．たとえば，競争のなかでも直接的な暴力を伴う競争は，勝利しライバルを排除できればより多くの配偶パートナーを獲得し，その結果，より多くの子孫を残す可能性が高まるという利益がある．一方で，競争のコストは，安定的な地位や収入の獲得，あるいは子どもの存在によって急増する．いいかえれば，競争に負けた場合の大けがや死に至るリスクを負うよりも，現状の維持や子への投資をするほうが繁殖において確実になる．これらは直接的な暴力を伴わない性的・物理的資源の奪取や裏切りにおいても同様である．つまり，成功すれば，繁殖機会の増加に伴う子孫を残す可能性を高め，生存や投資のための資源を獲得するという利益が見込めるが，失敗した場合には報復や悪い評判によって生存・繁殖の可能性が下がるというコストを負う．さらに，現代社会の文脈では，行き過ぎた暴力による傷害・殺人や奪取・裏切りの露呈は，犯

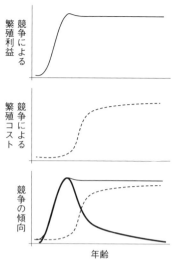

図 14.2　競争のコストと利益の関数と
年齢-犯罪曲線（文献[3]を参考に作成）.
競争の傾向（年齢-犯罪曲線）は，利益-
コストで求められる.

罪や不法行為として分類され，その結果多くの場合は生存・繁殖の可能性の低下
につながるだろう.

　繁殖可能年齢と安定的な地位・収入や実際の繁殖との間には時間的にギャップ
があるため，リスクテイキング行動（リスクの高い行動をとること）による利益
の急増とコストの急増にも時間的なギャップが生じる. このような急激な利益と
コストの関数をそれぞれ分けて描き，ひとつに重ね合わせた曲線が年齢-犯罪曲
線を形成すると考えられる（図 14.2）[3].

　リスクの高い行動である殺人は，年齢との関係において年齢犯罪曲線を示す.
マーティン・デイリー（Daly, M.）とマーゴ・ウィルソン（Wilson, M.）は，殺
人の年齢-犯罪曲線を，上記のような利益とコストの観点から説明した[4]. また，
殺人率の年齢-犯罪曲線は，殺人そのものが進化したわけではなく，あくまで身
体的な暴力による副産物である（副産物仮説）と主張した[1]. つまり，殺人は適
応のためのものではなく，競争の手段である身体的な攻撃行動の結果として殺人
に至る場合もある，というものである. しかし一方で，ジョシュア・ダントレイ
（Duntley, J.D.）とデビッド・バス（Buss, D.M.）は，副産物仮説では計画的な殺

人の説明がつかず，かつ，計画的な殺人は無視できない割合で生じていることを指摘し，殺人そのものも適応であるという**殺人適応理論**（homicide adaptation theory）を提案した[5]．この理論によれば，殺人は競争という単一の淘汰圧によって形成された副産物としての行動ではなく，様々な適応課題に対処するための手段のひとつとして特定的に形成されたものである．ただし，殺人適応理論にも，殺人のコストと利益との関係，殺人が適応的である具体的な状況，殺人（同種殺し）の種間比較などに関する証拠が不十分であることなどが指摘されている[6]．

一方で，男性から女性，特にパートナーに対する身体的暴力や殺人といった異性間暴力・殺人は，同性間競争とは異なる要因によって生じている可能性が指摘されている．具体的には，パートナー関係を維持するための**配偶者防衛**（mate guarding）の過剰な形態であり，繁殖資源としてのパートナーを失う可能性のある状況下で生じるようである[7]．

b. 年齢-犯罪曲線の本質と日本の特異性

年齢-犯罪曲線の本質が，犯罪のコストが利益を上回るときに犯罪性が急激に減少するというものであるならば，年齢ではなく資源やこれまでの投資量が重要な要因となるだろう．実は，日本に特異的な殺人の年齢-犯罪曲線がこのことを示している[8]．日本でも，殺人について 1960 年代頃までは典型的な年齢-犯罪曲線が示されていた．しかし，1980 年代以降，2000 年に至るまで，若年でのピークが消失し，逆に 30-40 代の殺人加害者数の多さが際立っている．なお，殺人数は全体的に減少傾向であり，30-40 代の殺人が増えたというよりも，15-20 代の殺人が大きく減ったというほうが適切だろう．

年齢-犯罪曲線の進化論的視点に基づけば，犯罪のコストが利益を上回る状況に個人がおかれた場合，若年であっても身体的な攻撃や暴力を差し控える可能性が考えられる．日本では 1980 年代以降，いわゆるバブル景気の時代を経て，一世帯における子の数や家族サイズが大きく減少し（つまり，子 1 人当たりに対する資源の配分が増える），大学進学率も上昇した（つまり，犯罪に手を染めることによって失われる就業機会の重要性が増加した）．すなわち，ライバルとの物理的な闘いは，負けた場合に失うものが大きいリスクの高いものであるため，若年であってもリスクを回避する傾向が一般化し，若年の殺人数が減少することによって，他の地域や時代において頑健に示されてきた年齢-犯罪曲線が日本では

示されなかったのだと考えられる[8].

　また，日本の傾向をさらに多角的に分析してみると，高齢であっても社会的地位や収入が低く，今後の向上が期待できない場合には，やはり若年の者と同じように犯罪（殺人）にコミットしやすい傾向も示されており[8]，進化心理学的説明の妥当性を支持している．

◉ 14.3　窃盗，財産犯

　このような視点から考えると，殺人をはじめとする対人攻撃などの犯罪は，進化的には異常な行動パターンではなく，むしろその個体の適応度を高めることにつながる行動であるといえる．

　年齢-犯罪曲線に関する一連の進化心理学的研究では，基本的に同性間における身体的な暴力や，その延長線上としての殺人が注目されていた．しかし，年齢-犯罪曲線は，たとえば，脅迫などの物理的な暴力を伴わない犯罪や，窃盗などの財産犯にも拡張できることが指摘されている[3]．前者は，身体的な競争のメカニズムに通じるものとして，すなわち，地位や評判を守ったりライバルを退けたりする機能を有するものとして理解可能である．また，後者は，（法的には不当に）経済的利益を得ることにつながるため，資源獲得の手段として窃盗が動機づけられると考えられる[3]．

a.　頻度依存淘汰と代替戦略

　同種内の戦略（行動パターンのセット）が，あるひとつに収束せず，複数の戦略をとる個体が混在する混合集団が形成されることがしばしば生じる．最もシンプルな頻度依存淘汰は，2種類の戦略がある割合で混在するとき，それが均衡となるというものである．たとえば，タカ・ハトゲームでタカ戦略とハト戦略が一定割合で均衡することが典型例である．このような頻度依存淘汰が働く状況で，1種類だけの戦略からなる集団へは別の戦略が容易に侵入する．窃盗等の収奪的な戦略の存在は，このような頻度依存淘汰という観点から理解できるかもしれない[9].

　資源獲得のために想定される標準的な戦略は，自らが資源を生産する戦略，すなわち**生産者戦略**（producer）である．しかし，このような戦略だけから形成される集団では，他者の資源を奪うことでその獲得を達成する少数の代替戦略，

すなわち**収奪者戦略**（expropriator）の利益は大きくなるかもしれない．これは，生産者戦略だけの集団では，収奪の被害に遭う可能性を考慮する必要がなく，収奪者に対して脆弱な状態にあると考えられるからである．ローレンス・コーエン（Cohen, L.E.）とリチャード・マチャレク（Machalek, R.）によれば，窃盗は収奪者戦略に基づく行動であるといえる．

　現実的には，社会的・経済的に不利な人々にとっては，適応度がゼロに近いという状態からうまくいけば適応度を上昇させることができるという意味で，収奪者戦略が割に合いやすい可能性がある．こうしてみると，窃盗もまた，異常な行動ではなく適応度を最大化するための選択肢のひとつにすぎない．ただし，すべての社会的・経済的に不利な人々が必ず収奪者戦略をとるということを意味するわけではなく，得られる利益と犯罪者として罰されるコストの兼ね合いで決まると考えられる．それだけでなく，頻度依存的な戦略であることから，生産者戦略で占められた集団では代替戦略として収奪者戦略が有利になりやすいが，収奪者戦略が一定割合をこえると割に合わなくなる点に注意する必要がある[9]．これは，頻度依存淘汰の理論に基づけば収奪者ばかりでは収奪するための資源が生産されなくなるためであるが，現実的には収奪者が増えることで生産者が警戒し防衛的な対応をすることも考えられる．

b.　年齢-犯罪曲線との対応

　年齢-犯罪曲線がもつ傾向は，基本的に若年者は年配者に比べて失うものが少ないため，比較的リスクテイキングを選択しやすいことによる可能性についてはすでに述べた．コーエンとマチャレクは，この点について**資源保有力**という概念を用いて説明している．ここでの資源とは，物理的・性的いずれをも含むあらゆる資源を指し，その保有力には身体の大きさや魅力など，資源を保有するあらゆる特性を含む．

　年配者は資源獲得のための「まっとうな」手段としての生産者戦略を用いることができる．なぜなら，生産者戦略としての資源保有力であると考えられる社会的・経済的スキルが一般的には十分であるためである．一方で，若年者は生産者戦略としての資源保有力を十分に有していない傾向があるものの，エネルギーや身体的な強さはある．これら若年者が有する特性は収奪者戦略としての資源保有力であるとも捉えることができる．そのため，資源獲得の戦略として若年者は収奪者戦略をとる可能性が高まり，結果として年齢-犯罪曲線が示される可能性が

考えられる.

◉ 14.4　裏切り，だまし

　これまでに概観した犯罪行動が異常な行動というよりもむしろ適応度を高める
ための選択肢のひとつだったように，日常的な裏切りやルール違反も戦略の個人
差によって生じる可能性が指摘されている．本節では，戦略の個人差を連続的に
表現する生活史理論を紹介し，その個人差と**裏切り行為** (cheat) について，ダー
ク・パーソナリティとの関連を通して紹介する．

a.　生活史理論に基づく戦略の個人差
　頻度依存淘汰で扱われるようなカテゴリ的な複数の戦略ではなく，連続的に戦
略の個人差を表現する理論として，生活史理論があげられる．これは，モノやエ
ネルギーなどのあらゆる資源をどの領域にどの程度配分するかという戦略の個人
差を，早い生活史戦略と遅い生活史戦略を両端とする一次元で表現するものであ
る[10]．たとえば，心理学における生活史理論に関する文脈では，一定量の資源
を生存と繁殖のそれぞれの領域にどのように割り振るかという問題がしばしば取
り上げられる．資源は有限なので，必然的にその割り当ては領域間でのトレード
オフを生じさせる．この戦略の個人差は，遺伝要因に加え，それぞれがおかれた
幼少期の環境を通して適応度を最大化するように形成される．単純化すれば，不
安定で予測不可能な環境状態，すなわち，いつ死ぬかわからず長期的な展望がも
てないような環境においては，生存や生まれた子に対する養育よりも，繁殖（生
殖）に資源を割き，より多くの子孫を残す，「数で勝負」の戦略のほうが適応的
である．このような戦略は早い生活史戦略の極にあたる．一方で，安定的で予測
可能な環境状態，すなわち，将来的な展望をもてるような環境においては，自ら
の生存と少数の子の養育に多くの資源を割き，より競争力の高い子を育てる，「量
より質」の戦略の方が適応的である．このような戦略は，遅い生活史戦略の極に
あたる．
　生活史戦略の個人差は，子育てへの投資の個人差だけでなく，生活史のあらゆ
る活動に関する一般的な形質のセットを形成する．具体的には，早い生活史戦略
であるほど将来を軽視し，今この瞬間の利益を追求する．そうなれば，長期的な
利益の期待値は小さく（そもそも将来に対する展望がない），したがって合法・

非合法な手段にかかわらず，あらゆる選択肢から直近の繁殖可能性を最大化する
ものを選択するような行動パターンや心理メカニズムが優位になるだろう．一方
で，遅い生活史戦略は長期的な展望にたって大きな利益を追求する．すなわち，
将来的な利益を失うリスクのある行動を差し控えるような行動パターンや心理メ
カニズムが優位になると考えられる．

b. 早い生活史戦略を反映するダーク・パーソナリティ

　生活史戦略は本来は種間差を説明する理論である．しかし，上記のとおり同種
内の個人差の進化的基盤として捉えることもできる．そして，早い生活史戦略と
対人暴力[11]，乱用薬物の使用[12]，様々な敵意的認知[13]，性的支配傾向[14]や外在
化問題と関連する精神疾患[15]との関連も示されてきた．そのほかにも認知，行
動，動機づけ，意思決定など，あらゆるものと関連すると考えられるが，これら
は伝統的にはパーソナリティ心理学の領域で研究が進められてきたものである．
しかし，生活史理論をヒトの個人差の説明に応用したことで，パーソナリティの
個人差に関する進化心理学的アプローチがより積極的になされるようになってき
た．そのなかでも，ダークなパーソナリティ群として知られる**ダーク・トライア
ド**（dark triad）は，早い生活史戦略と関連するパーソナリティとして多くの研
究がなされてきた[16]（ただし，生活史戦略は広範な個人差を一次元で捉えるい
わば高次の次元なので，ダーク・トライアドと完全に一致しているわけではない
ことに留意する必要がある）．ダーク・トライアドは，マキャベリアニズム，ナ
ルシシズム，サイコパシーの三つをさし，この三つの概念に共通する特徴として
冷淡さ，他者操作性，自己中心性などが挙げられ，現代においては社会的には望
ましくない行動をとりがちなパーソナリティである．

c. ダーク・トライアドと反社会的な行動傾向

　上述したダーク・トライアドの特徴は，反社会的な行動や暴力的な犯罪傾向と
容易に結びつく[17]．また，リスクテイキング行動や衝動性，道徳的価値を軽視
する傾向とも関連する．
　非暴力的な犯罪や日常的なだましや裏切りもダーク・トライアドに特徴的な行
動である．特に，ダーク・トライアドと嘘をつくことの関係は，様々な対人関係
（たとえば，友人関係やビジネス上の関係）や文脈において検討されてきた[18]．
また，経済ゲームにおいては，ダーク・トライアドの高い個人は自己利益のため

に協力者を裏切ることがある[19]. さらには, 詐欺の動機づけや正当化の傾向が高く, 意図や実際の詐欺行動傾向もまた高いことが実験や調査を通して検証されてきた[20]. 加えて, 就労場面における領収書の改竄といった不正との関連が指摘されている[21]. これらはいずれも刑事罰の対象となる (警察制度が存在しない伝統的社会であっても社会的排斥や報復の対象となりうる) ものである. このように考えると, 生活史戦略と犯罪傾向の関連は, コーエンとマチェレクの収奪者戦略モデルによる年齢-犯罪曲線の説明にとって本質である. (犯罪の) 利益がコストを上回る場合に暴力やその他の収奪的な犯罪行動に至る, という考え方と整合的である.

さらに, このような裏切り行為は, パートナー選択においても生じる. たとえば, 早い生活史戦略であるほど, 基本的には短期的配偶関係を重視し, 複数パートナーと性的関係を形成するように動機づけられる[22]. さらには, 他者のパートナーを奪取する傾向が高い[23]. このように, 将来展望の低さや衝動性が重要な要素となる反社会的な傾向が高いだけでなく, 特徴的なパートナー関係の形成からも, ダーク・トライアドの進化的基盤としての早い生活史戦略を考慮することは有意義である.

◉ 14.5　性　　　差

殺人をはじめとする暴力犯罪には頑健な性差が示されており, 世界的にみると, 殺人加害者で有罪判決を受けた者の95% が, また殺人被害者の75% が男性である[24]. ラシル・デュラント (Durrant, R.) は, 犯罪率の性差に関して特徴的な三つの点をあげている.

① 男性はあらゆる時代・文化において, 女性に比べて犯罪にコミットする可能性が高い.

② この性差の大きさは犯罪の種類によって異なり, 性犯罪や身体的危険性を伴う犯罪 (殺人, 暴力犯罪, 強盗) で特に大きい.

③ 性差の大きさは文化的・歴史的に大きなばらつきがあり, それは男性の犯罪率の変化に起因している.

というものである.

男性, 特に15-20代の男性に比べ, 女性の殺人や暴行, リスクテイキング行動は圧倒的に少ないものの, 女性間においてもこのような行動傾向は相対的に

15-20代で高い（正確には，女性の年齢-犯罪曲線のピークは男性より2年ほど早く，これは女性の思春期が男性よりも2年ほど早いことで説明できることが指摘されている)[25]．

　まず，女性が男性に比べて圧倒的に犯罪性が低いことは，先述した競争の観点から説明できる．すなわち，女性は繁殖資源としての男性を選り好みする立場であること，さらに，男性が生殖行為の回数に比例して適応度（子の数）が高まる可能性がある一方で，女性では妊娠期間や授乳期間があるため，必ずしも性交の回数が適応度に直結するわけではない．そのため，男性に比べて女性におけるパートナーをめぐる同性間競争は生じにくい．

　しかし，女性での同性間競争や暴力および殺人がないわけではない．また，先述したように，年齢-犯罪曲線もわずかであるが示される．そして，男性と同様に女性どうしでもパートナーをめぐる争いは生じる．ただし，進化の観点から，女性どうしでの競争は，男性のような性的アクセスを可能にするためのものではなく，男性がもつ資源へのアクセスをめぐるものであると考えられる．この予測に基づき，女性どうしの暴行に注目して検証がなされた結果，女性側の資源が欠乏し，資源のある男性をめぐっての同性間競争である可能性が示されている[26]．しかし，女性における同性間競争についての文献は多くなく，今後の研究の積み重ねが必要だろう．

◉ 14.6　進化心理学に基づく犯罪（心理学）研究の可能性

　本章では，社会的には不適応的，あるいはルール違反である犯罪は，進化的適応の観点からは合理的だった可能性を，一部ではあるが紹介した．なお，冒頭にも記載したとおり，進化的適応の産物であれば肯定すべき，ということにはならない．われわれが人間理解を深めるためにも，社会的にネガティブな側面について客観的に考察し，演繹的に仮説を導き出し検証を行うことは，きわめて重要であろう．たとえば，年齢-犯罪曲線の一般性と日本の特異性，加えて生活史理論の観点から，犯罪を減らすためのひとつの方法として，幼少期における子に対する投資量を大きくする社会システムを構築することなどがあげられるかもしれない．実際問題，これほど単純ではないものの，このように心理学の領域において，様々な行動パターンや心理メカニズムに関する課題を一つひとつ解決するために，進化心理学的アプローチは強力な武器となりうると考えられる．

■文　献

1) Daly, M., & Wilson, M.（1988）. *Homicide*. Routledge. 長谷川眞理子・長谷川寿一（訳）
   （1999）. 『人が人を殺すとき―進化でその謎をとく』新思索社.

2) Hirschi, T., & Gottfredson, M.（1983）. Age and the explanation of crime. *Am J Sociol*, **89**
   （3）, 552-584.

3) Kanazawa, S., & Still, M.C.（2000）. Why men commit crimes（and why they desist）. *Sociol Theory*, **18**（3）, 434-447.

4) Daly, M., & Wilson, M.（2001）. Risk-taking, intrasexual competition, and homicide.
   Nebraska Symposuim on Motivation, **47**, 1-36.

5) Duntley, J.D., & Buss, D.M.（2011）. Homicide adaptations. *Aggress Violent Behav*, **16**（5）,
   399-410.

6) Durrant, R.（2009）. Born to kill? A critical evaluation of homicide adaptation theory.
   Aggress Violent Behav, **14**（5）, 374-381.

7) Kaighobadi, F., Shackelford, T.K., & Goetz, A.T.（2009）. From mate retention to murder:
   Evolutionary psychological perspectives on men's partner-directed violence. *Rev Gen Psychol*, **13**, 327-334.

8) Hiraiwa-Hasegawa, M.（2005）. Homicide by men in Japan, and its relationship to age,
   resources and risk taking. *Evol Hum Behav*, **26**（4）, 332-343.

9) Cohen, L.E., & Machalek, R.（1988）. A general theory of expropriative crime: An
   evolutionary ecological approach. *Am J Sociol*, **94**（3）, 465-501.

10) Figueredo, A.J. et al.（2006）. Consilience and life history theory: From genes to brain to
    reproductive strategy. *Dev Rev*, **26**, 243-275.

11) Figueredo, A.J. et al.（2018）. Intimate partner violence, interpersonal aggression, and life
    history strategy. *Evol Behav Sci*, **12**（1）, 1-31.

12) Richardson, G.B. et al.（2014）. Life history strategy and young adult substance use. *Evol Psychol*, **12**（5）, 147470491401200506.

13) Figueredo, A.J. et al.（2014）. The psychometric assessment of human life history strategy:
    A meta-analytic construct validation. *Evol Behav Sci*, **8**（3）, 148-185.

14) Gladden, P.R., Sisco, M., & Figueredo, A.J.（2008）. Sexual coercion and life-history strategy.
    Evol Hum Behav, **29**（5）, 319-326.

15) Del Giudice, M.（2018）. *Evolutionary Psychopathology: A Unified Approach*. Oxford University Press.

16) Furnham, A., Richards, S.C., & Paulhus, D.L.（2013）. The Dark Triad of personality: A 10
    year review. *Soc Pers Psychol Compass*, **7**（3）, 199-216.

17) Azizli, N. et al.（2016）. Lies and crimes: Dark Triad, misconduct, and high-stakes deception.
    Pers Individ Differ, **89**, 34-39.

18) Baughman, H. M. et al.（2014）. Liar liar pants on fire: Cheater strategies linked to the Dark
    Triad. *Pers Individ Differ*, **71**, 35-38.

19) Roeser, K. et al. (2016). The Dark Triad of personality and unethical behavior at different times of day. *Pers Individ Differ*, **88**, 73-77.

20) Modic, D. et al. (2018). The dark triad and willingness to commit insurance fraud. *Cogent Psychol*, **5** (1), 1469579.

21) DeShong, H.L., Grant, D.M., & Mullins-Sweatt, S.N. (2015). Comparing models of counterproductive workplace behaviors: The Five-Factor Model and the Dark Triad. *Pers Individ Differ*, **74**, 55-60.

22) Jonason, P.K. et al. (2009). The dark triad: Facilitating a short-term mating strategy in men. *Eur J Pers*, **23**, 5-18.

23) Jonason, P.K., Li, N.P., & Buss, D.M. (2010). The costs and benefits of the dark triad: Implications for mate poaching and mate retention tactics. *Pers Individ Differ*, **48**, 373-378.

24) Durrant, R. (2019). Evolutionary approaches to understanding crime: Explaining the gender gap in offending. *Psychol Crime Law*, **25** (6), 589-608.

25) Campbell, A. (1995). A few good men: Evolutionary psychology and female adolescent aggression. *Ethol Sociobiol*, **16** (2), 99-123.

26) Campbell, A., Muncer, S., & Bibel, D. (1998). Female-female criminal assault: An evolutionary perspective. *J Res Crime Delinq*, **35** (4), 413-428.

索　　引

和文索引

欧文略語・数字

主要人名

編集者略歴

小田　亮
1967 年　徳島県に生まれる
1996 年　東京大学大学院理学系研究
　　　　科生物科学専攻博士課程修
　　　　了
現　在　名古屋工業大学大学院工学
　　　　研究科教授
　　　　博士 (理学)

大坪庸介
1971 年　長崎県に生まれる
2000 年　Northern Illinois University
　　　　Department of Psychology
　　　　博士課程修了
現　在　東京大学大学院人文社会系
　　　　研究科教授
　　　　Ph. D. (Psychology)

広がる！　進化心理学　　　　　　　定価はカバーに表示

2023 年 6 月 1 日　初版第 1 刷
2024 年 7 月 1 日　　　第 2 刷

編集者　小　　田　　　　亮
　　　　大　　坪　　庸　　介
発行者　朝　　倉　　誠　　造
発行所　株式会社　朝　倉　書　店

東京都新宿区新小川町 6-29
郵 便 番 号　162-8707
電　話　03(3260)0141
Ｆ Ａ Ｘ　03(3260)0180
https://www.asakura.co.jp

〈検印省略〉

精文堂印刷・渡辺製本

© 2023 〈無断複写・転載を禁ず〉

ISBN 978-4-254-52306-5　　C 3011　　　Printed in Japan